映画を追え

フィルムコレクター歴訪の旅

山根貞男

草思社

映画を追え——フィルムコレクター歴訪の旅

山根貞男

草思社

目次

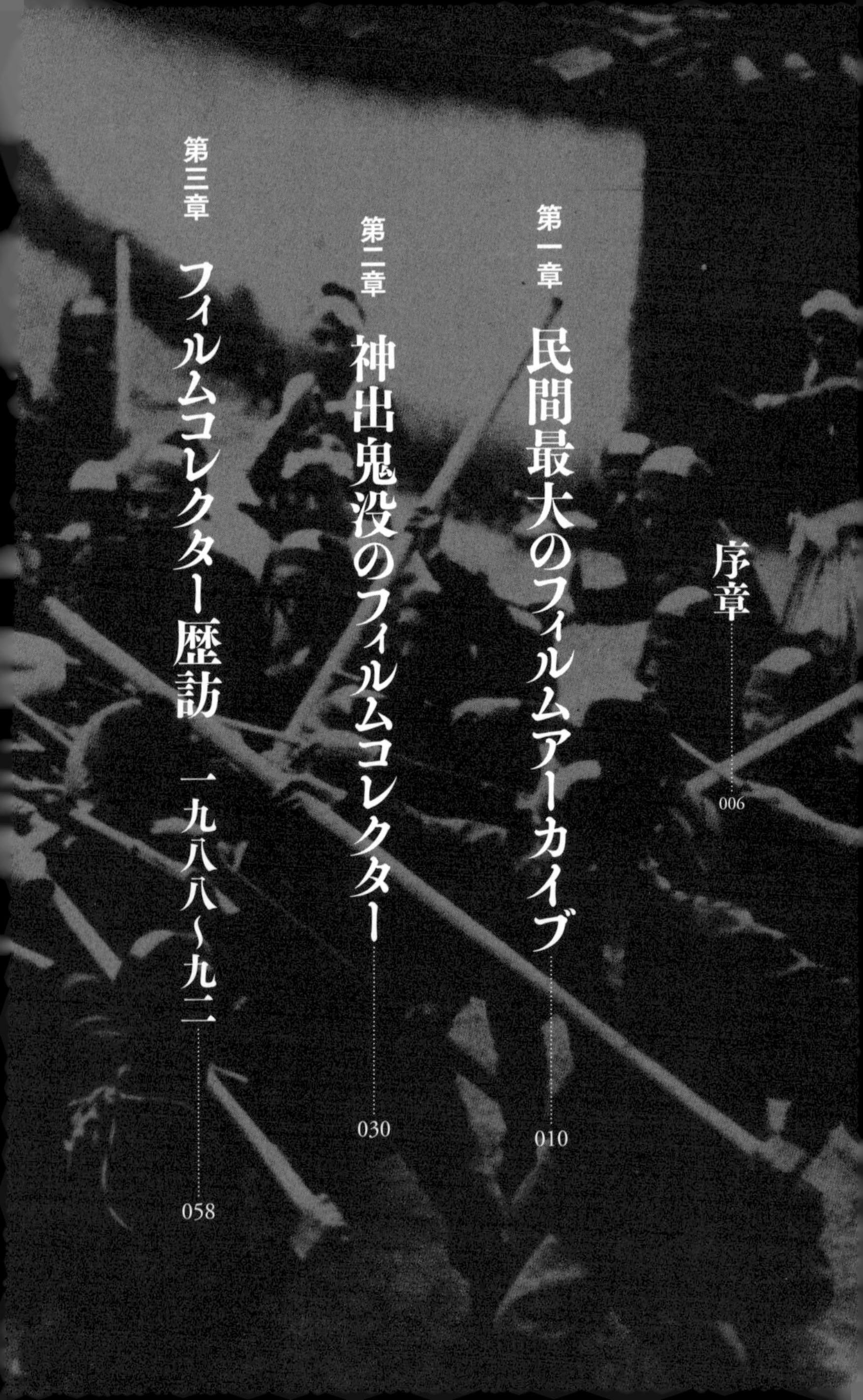

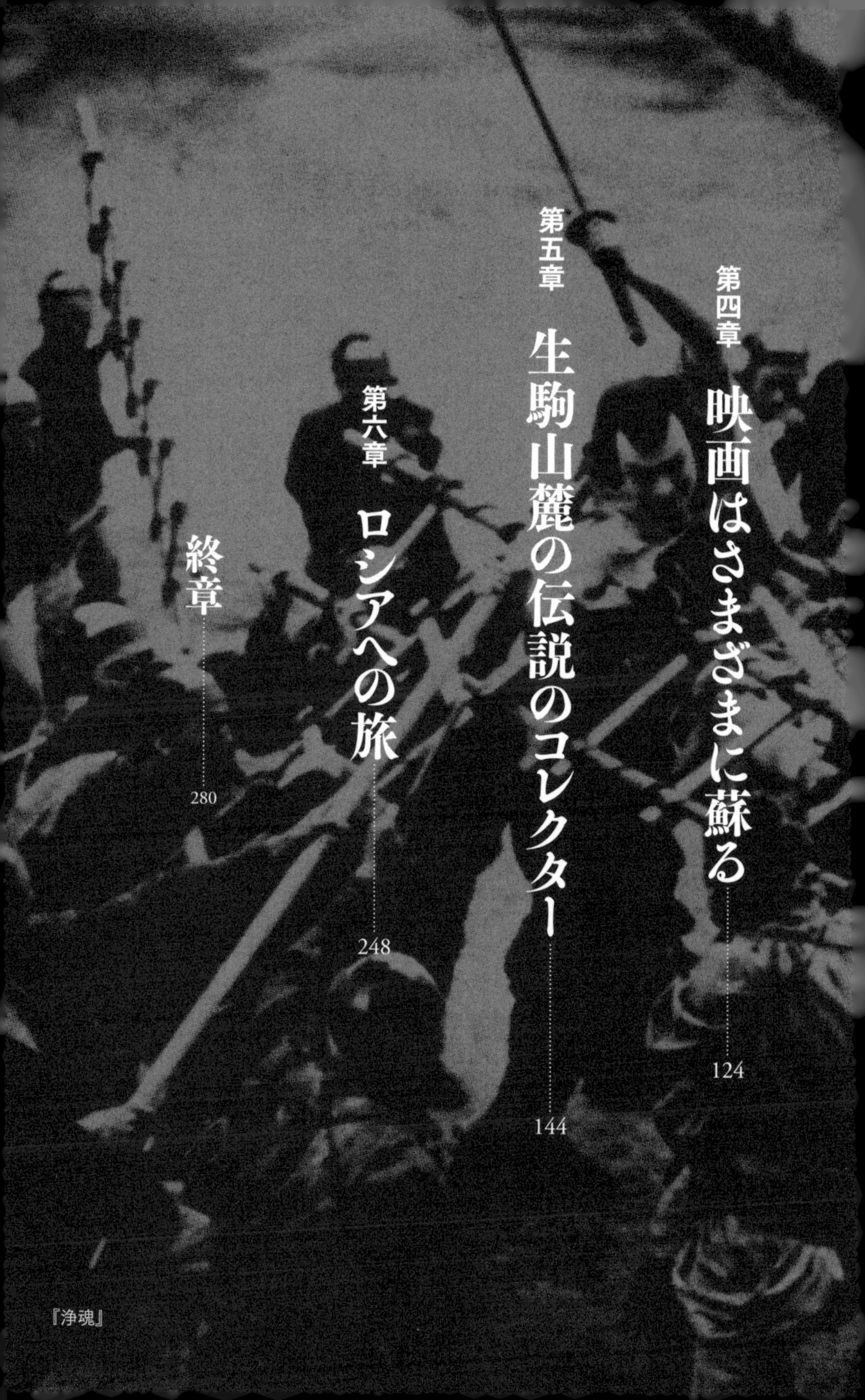

『浄魂』

序章

映画は失われてゆく。

日本映画の歴史は百二十年ほど前に始まるが、いわゆる戦前の映画は一割も残っていない。専門家は四パーセントぐらいと推察する。映画のフィルムは物体、モノだから、さまざまな理由で無くなってしまう。

戦前、映画に使われたのは燃えやすい(可燃性)フィルムで、映画会社や撮影所の倉庫ではしばしば火災が発生し、フィルムが焼失した。戦争や災害もあった。また、映画がサイレントからトーキーになったとき、古い無声映画は捨てられた。モノクロからカラーへの移行期にも、同じようなことが起こった。一九五〇年代に、フィルムが可燃性から不燃性へと転換したとき、消防法の規制もあって、特別につくられた保管設備のない場合、可燃性のものは廃棄された。

もっと大きな理由がある。かつて映画は消耗品と見なされ、どの映画会社も、全国映画館での公開が終ったあと、フィルムを廃棄処分にした。いまでこそ多くの人がビデオやテレビで、あるいはインターネットで映画を見るが、そんな手段がまだなかった時代には、会社は映画の二次使用三次使用といったことが頭になく、倉庫代や税金も掛かるから、用済みのフィルムをジャンク=廃品として処分した。映画はあくまで興行用の商品であり、それ以外の価値は考慮されなかったのである。

ならば、非営利の組織が、貴重な文化財でもある映画を保存するべきではないか。たとえば美術館は公営民営いっぱいあるではないか。そう考えてしまうが、映画の先進国である日本に、国立のフィルム保存施設、東京国立近代美術館フィルムセンター（現在の国立映画アーカイブ）が設立されたのは一九七〇年のことである。

それまでの長い年月、映画は失われてゆくままだったことになる。

――と、わたしはずっと思っていた。ところが、あるとき、それは必ずしも正しい認識とはいえず、例外があることに気づかされた。

映画会社でも公的施設でもなく、まったくの個人が映画のフィルムを持っている。そんな想像もしなかったことを、ごく身近で知ったのである。

映画ファンというと、普通には、年に何十本何百本も映画を見る人、とにかく映画を見るのが好きで好きでたまらない人を指すが、世の中には、それとは次元の異なった熱烈映画ファンがいる。まだビデオなど存在しない時代に、映画が好きなあまり、映画のフィルムそのものを所有するに至ったコレクターである。

　フィルムコレクターと呼ばれる人々のことは以前から知っていたが、わたしはほとんど関心を持たないできた。べつに特別な理由はなく、何となく自分とは無縁な、たとえば稀覯本の蒐集家ぐらいに思っていたのである。

　ところが、気がついてみると、親しい友人の二人が正真正銘のフィルムコレクターだった。青天の霹靂とはこれをいうのだろうか。フィルムコレクターに対する関心が一気に高まった。

『突貫小僧』

『忠次旅日記』

まず、安井喜雄さん。神戸映画資料館の館長で、何十年も集めてきたフィルムのなかには貴重なものが数多く含まれている。そして、岡部純一さん。失われたと思われてきた小津安二郎の『突貫小僧』を9・5ミリ版で所有していた。

わたしは二人に取材するとともに、彼らに先導され、各地のフィルムコレクターを訪ね歩いた。一九八八年〜九二年のことで、どのコレクターもとんでもない人で、じつに魅力的な人であることに、感銘を受けつづけた。

その間、一九九二年には、「幻の映画」とされてきた伊藤大輔の『忠次旅日記』三部作(一九二七)が完全版ではないもののフィルムセンターで発掘上映された。また、九〇年代には、わたし自身、失われたと見なされている映画がさまざまな形で存在することを探り当てる作業や、上映する催しに関わった。

フィルムはモノだから無くなるが、逆に、モノだからこそ、どこかに在りうる。

そんな確信を深めてゆくこの三十数年間の報告を、先導してくれた二人のことから始めよう。

『蜂の巣の子供たち』

第一章
民間最大のフィルムアーカイブ

最初に会ったフィルムコレクター

安井喜雄さんが館長の神戸映画資料館は神戸市長田区にある。

純然たる民営で、映画フィルム、映画関連の書籍・雑誌、パンフレット、ポスター、チラシなどのほか、映写機、カメラなどの機材を収蔵する。開館は二〇〇七年。二万本近い映画フィルムの収蔵量が端的に示すように、民間のフィルムアーカイブとしては日本最大のものであろう。

安井さんは一九四八年生まれ。大学で映画研究会に所属し、一九六七年頃から仲間とともに大阪市内のホールで日本映画の上映会を催していた。大学を卒業後、テレビ番組の制作会社に入ってディレクターになり、勤めの傍ら、一九七四年、元の仲間など六人が映画関連の本や雑誌を持ち寄ることで、プラネット映画資料図書館を大阪に設立し、やがてフィルムも集めだ

安井喜雄さん
神戸映画資料館フィルム倉庫

した。そこでのコレクションがベースになって、三十数年後、出身地である神戸に、神戸映画資料館が生まれたのである。

わたしは一九七五年に安井さんと知り合った。大好きな加藤泰監督作品の特集上映会が大阪・鴫野《しぎの》の映画館であり、親しくしていた加藤さん本人からトークを頼まれて参加し、加藤泰ファンとして来ていた彼を紹介され、それ以後、プラネット映画資料図書館に行ったりして親交を深めた。

最初から安井さんをフィルム蒐集家と思っていたわけではない。同じ加藤泰ファンだから映画の好みが一致するところが多いうえに、貴重な映画資料を収集所蔵している奇特な人、といった感じで、親しくしていた。そんななか、プラネット映画資料図書館の内実をあれこれ知るのにしたがって、失われたとされる映画のフィルムに対する関心を刺激され、そもそもフィルムを集めるとはどういう営みなのか、どういう手段でどういう作品を入手してきたのかなど、苦労話をちゃんと聞きたいと思うに至った。

思えば、安井さんが初めて会ったフィルムコレクターなのである。

神戸映画資料館

最初のインタビューは、一九八八年七月、大阪駅近くの飲み屋で鍋をつつきながら話を聞いた。そして以後、会う機会に時間があるたび、インタビューを重ねた。

人との交流からフィルムを入手する

安井さんのフィルム集めは無声映画の16ミリから始まったという。

「最初に手に入れたのは『江戸怪賊伝　影法師』です。阪妻の。森田留次という無声映画を熱心に集めてる人がおって、弁士・楽団つきの無声映画上映会を大阪・新世界とかでプロモートしておられたんですわ。その森田さんが、『影法師』の古いフィルムをニュープリントに焼き直して、上映会はそれを使うから、元のフィルムは要らんということで、売ってくれた。五万円やったかな。16ミリです。その後、別の人が9・5ミリの『影法師』を持っていましてね、うちのフィルムにないカットがあるんで、九ミリ半を自分でコマ撮りして16ミリをつくって繋ぎ合わせた」

『江戸怪賊伝　影法師』は一九二五年の東亜マキノ作品で、監督は二川文太郎。チャンバラの魅力にあふれ、阪妻こと阪東妻三郎の人気を決定づけた。

それにしても、一九七五、六年のことだというから、五万円は高い。

「プラネットは上映会をやっていたから、フィルムを借りてくるんですけど、何万円もかかるわけ。そうすると、何回か上映するんやったら買《こ》うたほうが好いと。大阪で上映会をしてはる人とはだいたい繋がりがあって、森田さんとも知り合っていた」

映画は一九三〇年代にトーキーに移ったが、安井さんによれば、大阪では一九七〇年代には16ミリによる無声映画の上映会がしょっちゅうあった。

「それからですわ、フィルムを集めるようになったのは。森田さんだけでなく、いろんな人から買うた。外国映画に関しては佐藤重臣さんから買うたのが多い。芦屋小雁さんも外国映画を集めておられて、うちの主催で小雁さんのフィルムの上映会をやったとき、重臣さんをゲストに連れてきやはったんです、小雁さんが。それで重臣さんと知り合《お》うて、フィルムを借りたりするうちに、要らなくなったやつを売ってもろうた。新しいフィルムを買うために、古いやつ、興味がなくなったやつを、売らは

『江戸怪賊伝　影法師』

るわけ」

佐藤重臣は映画評論家として知られるが、アメリカのアンダーグラウンド映画の蒐集家でもあり、上映会も開いていた。

「日本映画に関しては、元弁士の遺族の方から16ミリのフィルムを買いましたよ。何十本か。戦後、仕事のなくなった弁士さんが巡業上映をしていたみたいで、そのフィルムです。これは戦後の映画が多かった。戦前のものはあっても、遺族の方が記念に残したいと手放さない」

弁士の遺族であれば、無声映画には愛着があって当然だろう。

「無声映画をたくさん買うたのは、アート芸能企画の大坂稔という方からです。無声映画の活弁つき上映会をあちこちでやるので、フィルムを集めてはった。その頃、弁士も大阪に何人もいました。だけど、新しいフィルムが集まりにくくなり、上手い弁士もいなくなったからかな、大坂さんは無声映画の興行に興味がなくなったらしいんです。大阪から四国に引っ越すのでフィルムを手放すわ、ということで、ぼくが全部買うたんです。二十何本か。16ミリです」

興行的に商売になったのは、そのなかでも、阪東妻三郎、嵐寛寿郎、大河内傳次郎などが出ている映画だったらしい。安井さんが買った二十数本には、嵐寛《あらかん》主演の「むっつり右門」シリーズ『右門捕物帖六番手柄』が含まれていた。山中貞雄脚本・仁科熊彦監督による評判の高かった一九三〇年の東亜キネマ作品で、再映時に「右門捕物帖仁念寺奇談」と改題されている。

「大河内主演の『御誂次郎吉格子』も大坂さんから買いました。これは大阪の泉大津で見つかったんです。京都府がフィルムライブラリーをつくるというので、フィルムをあちこち探しはったとき、泉大津の酒屋で見つけた。うちにあるのは所有者が別の人に貸したフィルムのコピーだと思います」

日本映画草創期からの「映画の都」京都でフィルムライブラリー事業が始まったのは一九七一年で、フィルム収集に努めるなか、七五年に『御誂次郎吉格子』が見つかった。大河内傳次郎が鼠小僧に扮する一九三一年の日活作品で、監督は伊藤大輔。発見されたのは35ミリのネガだったので、京都府が上映プリントを焼いた。ほかにもプリントがつくられ、安井さんは16ミリ版を手に入れた。

そんな貴重なフィルムの場合、値段はどうやって決まるのだろう。

「向こうから提示価格があったんですが、けっこう高かったから、もうちょっと何とかと言うて、まけてもろうて、月賦で払った」

安井さんのところにはフィルムの情報がいろいろ入ってくる。欲しいものがあると知れば、交渉に行くのか。

「いいえ、行きません。言うてきたら買うこともあるけど、こっちか

『右門捕物帖六番手柄』

ら行くと足元を見られる。決まった値段があるわけやなく、人によって価値が違うでしょう」

16ミリと35ミリ。この二種類のフィルムが話に出てくる。通常の劇映画の場合、映画会社は35ミリで製作し、その原版から複製した35ミリを映画館で上映するが、非映画館での上映用に元の35ミリを16ミリに焼いたものもつくる。

「昔は16ミリの配給業者がいっぱいあったんですよ。戦後はシステムが変わりましたけど、戦前はその業者が映画会社から16ミリを買い取って、上映会用に貸し出していた。大阪の奥商会という大きな貸し出し屋が廃業したとき、持っていたフィルムがあちこちに分散したのか、リールに奥商会のラベルを貼ったフィルムがうちにもあります」

そういうレンタル業者から流出した16ミリのフィルムが、さまざまな経緯を経てコレクターの手に渡っているのである。

「岐阜に下呂温泉というのがありますね。そこでストリップ小屋を二軒やっている人が映画のフィルムを持っていると、京都のコレクター田渕宇一郎さんから聞いて、一緒に会いに行ったら、いろいろあったけど、いわゆるピンク映画の初期のものが珍しかったが、欲しいものは少なかった。値段を付けて、どれでも売らはるんです。で、一本買うてきたけどね。日活の『荒獅子』というやつ」

『荒獅子』は嵐寛寿郎主演の一九三八年のトーキー時代劇で、監督は松田定次。値段を聞きそびれたが、珍しいものなので高かったにちがいない。安井さんは幾らぐらいなら買うのだろう。

「十万円までやね。普通の映画で。ニュープリントをつくるとき、焼き代だけでもっと掛かりますもん。うちで買った最高級は三十万かな、一本で」

最終的には値段が問題になるが、安井さんとしては、情報には気を配る。

「もう要らないから持ってるフィルムを売りますよと言う人を知ってるから、いつも何人かには当たるようにしています。ただ値段が高い。ずっと前に、買うてくれ言われたんが衣笠貞之助の『忠臣蔵』。その人は愛知県で可燃性のフィルムを手に入れて、自分で不燃性に焼き直しはった。掛かった百五十万を出してくれたら、ネガもプリントも含めて売りますよ、と。そのときは高すぎて手が出せなかったんです」

『忠臣蔵』は日本映画の草創期から無声映画として数多く撮られてきた。その衣笠貞之助監督のものは最初のトーキー『忠臣蔵』で、一九三二年の松竹オールスター映画。これはとても珍しい。そのとき安井さんは高いので諦めたのだが、結局、一九八〇年代に所有者が郷里に戻ることになり、値段の折り合いがついたので入手した。焼き直した35ミリのネガも上映用プリントも。

『忠臣蔵』

安井さんが買った相手は、そのトーキー『忠臣蔵』の可燃性フィルムを七〇年代に手に入れたというから、元は映画館で使用されたものではなかろうか。

「戦前の場合、映画会社が地方の映画館に売り切りでフィルムを配給したことがあったらしい。西日本一円に映画館のチェーンを持っていた興行主から、ぼくは溝口健二の『折鶴お千』を買いましたからね。完全版ではなかったけど、35ミリで」

『折鶴お千』は山田五十鈴主演の一九三五年の第一映画作品。少し欠落はあるものの、ほかの現存フィルムより長い。そういえば、さきほどの『御誂次郎吉格子』は酒屋の倉庫から見つかったが、先代が映画館を経営していたという。ただし、35ミリのネガだったのはどういうことだろう。

『折鶴お千』

安井さんの話には、さきほどの35ミリと16ミリに加えて、可燃性、不燃性と、何種類ものフィルムが出てくるが、それのコピーも加わるから、ややこしい。さらに9・5ミリもあり、安井さんもたくさん持っている。映画のフィルムは複製可能なモノだということが、そこに見て取れる。

安井さんは古物商から内田吐夢監督の『少年美談　清き心』の16ミリを入手したことがある。社会教育研究所の製作した一九二五年の無声映画で、これまで内田吐夢にそんな作品があるとは知られていなかったから、まさに新発見である。古物商からまとめて買ったフィルム群のなかにあったという。

「さっきの京都の田渕宇一郎さんは、北野天満宮や東寺の骨董市に必ず行かはります。朝の四時、暗いうちから出かけて、エライわ。ぼくら、ようせん。古道具屋で珍しいもんを見つけるのが楽しみなんやね。暗いから細かく見ずに何でも買う。いつだったかも埃だらけのフィルムを買うてきて、あとで見たら目玉の松ちゃん、尾上松之助のチャンバラ映画やった、と。断片で、題名は忘れましたけど」

誰かが亡くなって、遺族が遺品のなかにフィルムを見つけても、関心がなければ、ゴミとして処分する。安井さんによれば、そうやって捨てられたものが古道具市に並ぶことがあり、田渕さんのような人の手に渡る。

「ただね、田渕さんは集めるんですけど、すぐ売るんですわ。ぼくらはあんまり売らへんから、ようわからん。コレクターでもそういう人が多い。戦後すぐやから、古い話になるけれど、田渕さんは『忠次旅日記』を一時持っていたんですって。巡回上映もやってた大阪の配給会社の山中商会から預かっていたと聞きました」

とんでもない映画が所蔵されている

安井さんからは、田渕さんのほかに、何人ものコレクターの話を聞いた。

もっとも関心を掻き立てられたのは大阪府と奈良県の境にある生駒山のコレクターのことで、安井さんは会いに行き、職業不詳で、フィルムだけでなく古美術など多彩なものを収集しているのに驚き、『忠次旅日記』も持っていると聞いたという。この人物については、その後、いろんなコレクターから謎めいた話をいっぱい聞いて、わたしの関心は尋常ならざる域に達し、安井さんの案内のもと、長期にわたり取材した。本書の第五章はその報告である。

本格的な映写室を持っている牧場の経営者とか、数多くのフィルムを買い集めては売りまくる商売人とか、安井さんはいろんなコレクターを知っており、必ず本人と面識があるのには感嘆させられる。

そうやって集めた珍しい映画を、一九九九年には「幻の活動大写真」と題したＶＨＳ全六巻として売り出した。制作・発売はプラネット映画資料図書館、販売は岩波映像販売株式会社。話に出た『江戸怪賊伝　影法師』や『少年美談　清き心』など劇映画のほか、一九二五年の『勤倹貯蓄　塩原多助』や三五年の『證城寺の狸囃子　塙団右衛門』といったアニメーションも含まれているから、まさに宝の山といえる。プラネット映画資料図書館の名が全国的に知られるようになったことは間違いない。

国立映画アーカイブでは、東京国立近代美術館フィルムセンターとして開館以来、さまざまな特集上映が催されているが、そのひとつに「発掘された映画たち」という特集がある。一九九一年の「発掘された映画たち　小宮登美次郎コレクション」から始まった企画で、数年置きにフィルムセンターが入手した映画を上映する。

そのプログラムに、毎回といっていいほど、プラネット映画資料図書館が提供したフィルムが入っている。たとえば「発掘された映画たち1999」では、一九〇〇年撮影の記録映画『明治二十八年の両国大相撲』、三二年の伊丹万作監督『国士無双』の部分、といったふうに。「発掘された映画たち2005」になると、一九二三年の記録映画『関東大震災実況』、三八年の牛原虚彦監督『怪猫謎の三味線』、四八年の荒井良平監督『サザエさん　七転八起の巻』など八本が、ドイツやフィンランドのアーカイブ、国内の諸施設から提供されたフィルムとともに含まれている。

わたしは毎回、この特集を楽しんでいるが、初期の頃、会場で何人かの顔見知りからプラネット映画資料図書館と安井さんのことを訊かれた。映画ファンでそれだから、当然、フィルムコレクターのあいだで注目度は高まるわけで、フィルムに関する情報が安井さんにつぎつぎ寄せられ、買い入れるものも多くなる。

前に記したように、安井さんは元からのフィルムコレクターではなく、いつの間にかそうなった。大学卒業後にテレビ番組の制作会社に入ったが、担当していた番組が八〇年代に終ったあとは、映像制作から距離を置く。

安井さんは一九七七年に渡辺泰・山口且訓の『日本アニメーション映画史』（有文社）を企画したほどアニメ通だが、ドキュメンタリー映画にも詳しい。そこを見込まれ、一九八九年に始まった山形国際ドキュメンタリー映画祭では、映画祭発足に尽力したドキュメンタリー映画の監督小川紳介から頼まれ、毎回、日本のドキュメンタリー映画史の回顧上映を担当した。普通には見られない作品が連続上映される企画で、作り手たちを集めたシンポジウムもあり、わたしは何度か司会役を務め、多くのことを学んだ。

山形の映画祭で一緒に仕事をして印象深かったのは、安井さんの映画史的な視野の広さと人脈の豊かさである。それは映画を集めるなかで培われてきたと思われるが、むしろ逆に、それがあればこそ映画収集が可能になったのであろう。でなければ、数多くの貴重な作品のフィルムが集まるわけがない。

あるとき所蔵リストの一部を見せてもらったら、戦前の名作の一本といわれる『情熱の詩人啄木』があった。一九三六年の日活作品で、監督は熊谷久虎。こんな珍品をどこから入手したのだろう。

「ちょっと言われませんわ。なかにはそういうヤバイものがあるんです。仲介者に迷惑がかかるので。あれもそうです。李香蘭の『私の鶯』も。出どころは言えない」

『私の鶯』は一九四四年の満洲映画協会と東宝の提携作品で、監督は島津保次郎、主演は李香蘭。中国で公開されたが、日本では公開されなかった。ただし、その後、東宝の倉庫で発見され、ビデオにもなっている。

清水宏が一九四八年に撮った『蜂の巣の子供たち』の出どころはどうなのだろう。戦前松竹の名匠が戦後、生活をともにする戦災孤児らの出演のもと、自らの製作で撮った傑作で、安井さんのところに35ミリの原版がある。

「和歌山の山林王の未亡人から購入したんですわ」

『蜂の巣の子供たち』

安井さんはさらりと言うが、入手に至る経緯は単純なものではなかろう。そう思って、人的交流の幅広さにあらためて驚かされる。

いつか見せてもらった『黄金の弾丸』は、神戸を舞台にした探偵活劇。東亜キネマの一九二七年のサイレント映画だが、染色版の珍品で、白黒のモノクロ画面が、夜間シーンは青く、室内のシーンでは電灯のスイッチを入れると橙色になる。

この『黄金の弾丸』は『蜂の巣の子供たち』とともに、現在は国立映画アーカイブに収蔵され、多くの人が見られる。フィルムコレクターには集めたものを誰にも見せない閉鎖型もいるが、安井さんは開放型で、独占しない。

いま、神戸映画資料館には、『義人呉鳳』という戦前の台湾で撮られた珍品がある。日本人が台湾で設立した台湾プロダクションの一九三二年の作品で、監督は千葉泰樹。首狩りの風習を止めさせた有名な義人の話だが、れっきとした日本映画である。安井さんは山形国際ドキュメンタリー映画祭で知り合った台湾の監督からこの作品のフィルム捜しを依頼され、岡山の松田完一という自ら弁士もやる映画資料のコレクターが16ミリを持っていることを突き止めた。そのフィルムから複製したものが台湾の国家電影及視聴覚文化中心にあり、同じものが神戸にある。

安井さんの活動を知るにつけ、いつも思うことだが、資金はどうしているのだろう。所蔵フィルムをいろんな人に貸し出せば収入になるが、新たにフィルムを買う費用、倉庫代でほぼ飛んでしまう。

そういえば、雑誌「新潮45」二〇一一年五月号に原節子の「現存する最古の〝幻〟映像」と題して『魂を投げろ』のDVDが付録になっていたことがある。一九三五年の日活作品で、監督は田口哲。30分しかないが、貴重なもので、素材の提供はプラネット映画資料図書館。安井さんが古物商から買ったフィルムのなかにあったという。これなどはカネになったろうが、元手を考えれば、儲けとは程遠い。

安井さんはそれでもフィルムを入手しつづけている。

いま、わたしは一九八八年から始まる安井さんへのインタビューを全面的に構成して記しているが、二〇一九年、何度目かに話を聞いたとき、収蔵場所のことがいちばん切実な話題になった。

「大阪のプラネットも三回くらい転々としたけど、神戸映画資料館も倉庫が満杯で、また別の倉庫を探さなあかんのですわ。フィルムだけではなく、映写機なんかも増えてますから。8ミリ映写機などを持ってる人が持ち込んできやはると、違うモデルがいろいろあるんで貰う。捨てることはないから、増えるわけ。支配人の田中範

『魂を投げろ』

子さんからは、重複してるものは捨てろと言われるんですけどね。神戸に来て、増えました」

　新聞記事をいくつか見るだけでも、それはよくわかる。

　二〇一三年七月「毎日新聞」――実験アニメの草分け大藤信郎の幻のフィルム、第一作『のろまな爺』（一九二四年）全篇と未完成作品『竹取物語』（六一年）の未編集ネガを、神戸映画資料館が入手した。二〇一五年二月「朝日新聞」――一九四三年に解体された初代通天閣や空襲で焼失した道頓堀の繁華街などのカラー映像が、神戸映画資料館にあり復元された。二〇一八年十一月「朝日新聞」――ディズニーのミッキーマウスの原点となった兎のキャラクター、オズワルド・ザ・ラッキー・ラビットが主人公の短篇アニメの一部が、神戸映画資料館に所蔵されているとわかった。

　安井さんのコレクションは劇映画だけではなく、多種多様の記録映画、ニュース映画のほか、アニメがあり、企業PR映画、ホームムービーなどもある。

田中範子さん、安井さん、筆者
神戸映画資料館ロビー

　いつか神戸映画資料館で、亡くなったドキュメンタリー映画作家、土本典昭の特集上映会があり、わたしはシンポジウムの司会などを務めた。そのとき事前に、安井さんが、こんなものがありましたわ、と16ミリのケースをわたしに示した。土本典昭が監督した企業PR映画で、撮影は今回のゲスト大津幸四郎だという。わたしは大津さんから土本作品の現場の話をあれこれ聞き出したあと、そのPR映画のことを尋ね、たしかに大津さんが撮ったことを確認して、観客に縷々説明し、みんなで見て、それについての話を大津さんから伺った。一九六〇年代には意欲的な監督が企業PR映画を撮っていたが、そのことを示す貴重な一本だということがわかった。

その一例が示すように、神戸映画資料館にはとんでもない映画が所蔵されている。題名の不明なものや断片も含め、膨大な量のフィルムがあって、安井さん自身が題名を忘れてしまったものもある。

二〇〇七年に神戸映画資料館が開館後、内実の本格的な調査が少しずつ始まり、いまも進行中だから、宝の山の全貌がやがて明らかになるだろう。

『春秋一刀流』

第二章
神出鬼没のフィルムコレクター

　一九八八年だから、もう三十年以上も昔のことになるが、あの夜の電話はいまも鮮明に記憶にある。友人の岡部純一さんが電話を掛けてきて、軽い口調で言った。

「小津の『突貫小僧』ってのを手に入れたんですけど、変な映画ですねえ」

　わたしは一瞬、自分の耳を疑い、「『突貫小僧』ってあの『突貫小僧』ですか」と急き込んで聞き返した。

「ええ、小津安二郎のサイレントですよ」

　その答えを聞いて、わたしは立て続けに質問した。近況の一端を報告しただけのつもりの岡部さんは、こちらの剣幕に驚いたらしく、不服そうな口調でどんな内容の映画かを語った。間違いない。文献資料で知っている内容と一致する。そう思いつつ、わたしはなお半信半疑のままでいた。『突貫小僧』は一九二九年の松竹蒲田作品で、ネガはむろんプリントも現存しないとされてきた。それが存在したなんて、本当の話なのだろうか。

　わたしはさらにしつこく詳細に聞きただして、ぜひ見せてほしいと頼み込んだ。と、岡部さんはこともなげに答えた。

「ええ、いつでもいいですよ」

『突貫小僧』は9・5ミリ版で残っていた

まことに失礼ながら、わたしはやっと岡部さんの話を信用した。

『突貫小僧』は9・5ミリのフィルムで残っていた。

映画のフィルムは幅が35ミリ、16ミリ、8ミリの三種類が知られているが、一九二二年、フ

岡部純一さん
『春秋一刀流』の35ミリフィルム（部分）を見せる

オモチャ映画のフィルムケース
上記フィルムを入れてあった

ランスのパテ社が家庭映画用に9・5ミリのフィルムを開発し、世界中で流通した。「パテベビー」という商品名で、専用の撮影機、映写機も含む。

日本では「九ミリ半」の愛称で呼ばれるこのフィルムは、普通には画面（コマ）の端に付いているパーフォレーション（コマ送り用の穴）が、コマとコマのあいだにある。そこで、九ミリ半の幅いっぱいに

映像が入り、画面そのものの大きさはほぼ16ミリのフィルムに匹敵する。しかも、当時の映画はサイレントで、途中に字幕が入るが、9・5ミリ専用の映写機では、字幕の画面になると、数秒、コマ送りをせずに空回りして、字幕を読めるように停止したあと、ふたたびコマ送りを始める。パテベビーはフィルムを効率的に使うシステムだったわけで、世界的に人気を博したのである。

そして、ここが重要なところだが、九ミリ半の人気に応じて、戦前のある時期、日本の映画会社が自社の35ミリ作品を9・5ミリに縮小したものを、オモチャ屋やデパートで市販した。専用の映写機を持っていれば、誰でも自宅で映画を楽しめたのである。そう、昨今の映像ソフトのように。

岡部さん所有の『突貫小僧』もその一本で、35ミリからの縮小版だった。

『突貫小僧』

『突貫小僧』騒動記

夜の電話の数日後、わたしは同じ神奈川県内の岡部さん宅へ車で駆けつけた。近くに住む親友の上野昂志さん、わたしの妻とともに。

すぐに『突貫小僧』を上映してもらう。現像所に託して、9・5ミリを四分の三インチのビデオに撮り、それを16ミリにしたもので、画像は鮮明ではないものの、内容はバッチリわかる。長さは二十一分。原版は三十八分だが、物語の理解を損なわない。隠れんぼ遊びをするうち、人攫いに声を掛けられ誘拐された男の子が、好き放題をやらかして人攫いを翻弄するばかりか、連れて行かれた先の親分まで手こずらせる。青木富夫の鉄坊が斎藤達雄の小心な人攫いと坂本武の怖そうな親分を困惑させるやんちゃ小僧ぶりに、わたしたちは笑い転げた。

さらに内田吐夢の『天国その日帰り』も見せてもらう。一九三〇年の日活作品で、のちの巨匠の初期作品はほとんど現存しないので珍しい。やはり9・5ミリから16ミリにした十六分の短

『天国その日帰り』

篇で、完全なものと思われる。若いバス運転手が籤引きに当たったあと、大金持ちになるが、有頂天のさなかに天国から転げ落ちる。軽妙な喜劇で、当時売り出し中の田村邦男が主人公を演じる。

二作品を続けさまに見て、わたしは心底驚いた。そのことは憶えているが、岡部さんや上野さんと何を話したかはまったく記憶にない。スゴイ、スゴイと、ただ感嘆していただけなのだろう。ともあれその興奮のなか、すでに記したように、フィルムコレクターなる存在への関心が高まってゆく。

高ぶりが収まるとともに、わたしはこの発見を多くの人と共有したいと考え、映画的親友というべき蓮實重彥さんと酒井良雄さんに話した。酒井さんは「キネマ旬報」の元編集者で、新しい映画雑誌「New FLIX」（ビクター音楽産業）の編集長になっており、ぜひ上映会をやろうという話になった。

酒井さんとわたしは、松竹の版権関係者に会って了解を取ったあと、新聞社に情報を流し、岡部さん所有の16ミリを本格的な試写室でチェックした。そのとき、上映会での講演をお願いした蓮實さんに加えて、多くの小津安二郎作品の撮影を担当した厚田雄春さんに見てもらった。厚田さんは『突貫小僧』の撮影助手で、発見をたいへん喜ぶとともに、作品の冒頭には気象台の風力計などの風景カットが二、三あり、続いて字幕「今日は人攫いの出そうな日和である」が出たあと、隠れんぼのシーンになることなど、貴重な話をしてくださった。いっぽうわたしは「New FLIX」一九九一年一月号から三回にわたり、フィルムコレクターについてのエッセイを書いた。

『突貫小僧』上映会は一九九一年一月十三日、東京・新宿の紀伊國屋ホールで催された。蓮實さんの講演、わたしのフィルム発見の経過報告のあと、『突貫小僧』および『天国その日帰り』の上映と続く。事前にわたしは酒井さんから思いがけないことを聞いた。青木富夫さんに連絡が取れ、客席に来ているという。そこでわたしは報告を終えるや、青木さんに呼びかけ、壇上に来てもらい、『突貫小僧』撮影時の話を伺い、これには満員の観客は大喜びで、爆笑が渦巻いた。ただし、はるばる大阪から駆けつけた人は、『突貫小僧』が完全版ではないことに不満を漏らした。それでも、主催した「New FLIX」編集部に、当日の前売り券を入手できなかった人から問い合わせが多くあり、十二月十日、同じ紀伊國屋ホールを会場に、再度の上映会が周防正行さんの講演つきで催された。

そのあと、めまぐるしい日々にわたしは突入する。酒井さんの企画で『突貫小僧』の全国縦断上映会が始まったのである。一九九一年十二月の大分を皮切りに、九二年に東京・蒲田、名古屋、大阪、山形、札幌、九三年に東京・駒場と、駆けずり回った。なかにはわたしが個人的に

New FLIX 主催

幻の映画発掘上映会

突貫小僧

監督＝小津安二郎
原作＝野津忠二
脚色＝池田忠雄
撮影＝野村昊
出演＝斎藤達雄（人攫ひ文吉）
　　　青木富夫（鐵坊）
　　　坂本武　（親分権寅）

Ｓ４巻　1031m　サイレント　37分

昭和４年（1929）11月23日　帝国館公開

〔解説〕　昭和４年（1929）に松竹蒲田で製作された小津安二郎監督第12作にあたる四巻ものの短編喜劇。「『会社員生活』に出ていた子役・青木富夫のキャラクターが面白く、彼を主役に映画を撮ろうと思った」と小津自身語っている。ストーリーは、誘拐した子供があまりに腕白なため人攫いたちが持て余し、結局元の所へ戻しに行くというもので、原作は<野津忠二>となっているが、これは野田高梧、小津安二郎、池田忠雄、大久保忠素の共同ペンネーム。当時入ってきたドイツのビールが飲みたくて、原作料目当てで皆で本を書いたという。ちなみに撮影日数はわずかに３日程度であった。

〔ストーリー〕　狭い路地で友達とかくれんぼをして遊んでいた鐵坊の前に、人攫いの子分・文吉が現われ、言葉巧みに鐵坊をつれ出した。文吉は鐵坊の機嫌をとるために蟹パンや玩具の鉄砲などを買い与えたりするが、腕白な鐵坊は文吉のツケ髭をむしりとったりして手に負えない。ようやく親分の権寅の家へ連れて行くが、鐵坊の腕白ぶりはますますエスカレート、親分の頭を吸付鉄砲で撃ったり、酒をこぼしたり、肴をつまみ食いしたりと悪戯のしほうだい。たまりかねた権寅の命令で、文吉は仕方なく鐵坊を元の場所に連れ戻すが、「あのおじちゃん、何でも買ってくれるよ」と鐵坊が仲間の子供たちに告げたため、子供たちに追いかけられた文吉はほうほうの体で逃げだすハメになってしまった。

❖

青木富夫〔1923～〕
横浜市生まれ。29年に松竹へ子役として入る。小津安二郎監督作品「会社員生活」でデビューし、続いて「突貫小僧」に出演。この悪童ぶりが評判となり、小津や斎藤寅二郎に好んで使われた。31年の「女は強くて弱いもの」以後は芸名を突貫小僧として活躍（33年「出来ごころ」を除く）。54年日活に転じ、「ビルマの竪琴」「幕末太陽伝」「にあんちゃん」「豚と軍隊」、鈴木清順作品などに出演。フリー以後の作品に「華麗なる一族」などがある。

斎藤達雄〔1902～1968〕
東京・深川生まれ。1923年に俳優として松竹に入り、同年牛原虚彦監督の「狼の群」でデビュー。一時日活へ移るが松竹へ戻り、島津保次郎の「美女の秘密」などに出演。183ｃｍの長身を活かし岡田時彦らと活躍した。「足に触った幸運」「お嬢さん」「東京の合唱」「生まれてはみたけれど」など小津安二郎監督作品への出演は特に多く、その存在は小津と共にあったといってよい。他に吉村公三郎監督の「暖流」、伊藤大輔監督の「王将」に出演し、遺作はアメリカ映画「ロード・ジム」。また、島倉千代子主演で「東京だヨおっ母さん」など監督も手がけている。

坂本武〔1899～1974〕
兵庫県赤穂市生まれ。1924年松竹に入り、端役を経て、翌25年清水宏監督作品「落武者」に時代劇俳優として本格出演。27年に現代劇へ転向し、斎藤寅二郎監督の「熊の八つ切り事件」、佐々木恒次郎（啓祐）監督の「噴泉騒動」、小津安二郎監督「大学は出たけれど」「生まれてはみたけれど」「出来ごころ」、五所平之助監督の「マダムと女房」「伊豆の踊子」「煙突の見える場所」、木下恵介監督の「お嬢さん乾杯」「カルメン故郷に帰る」などの出演作がある。

小津安二郎〔1903～1963〕
東京・深川生まれ。1923年に撮影助手として松竹蒲田撮影所に入る。助監督として大久保忠素に師事し、27年に野田高梧脚本による時代劇「懺悔の刃」で監督デビュー。２作目の「若人の夢」(28)から撮影は茂原英雄が担当し、助手として厚田雄春がついた。37年の「淑女は何を忘れたか」から遺作の「秋刀魚の味」(62)までは以後名コンビと謳われた厚田が撮影を務め、二人でいわゆる小津映画のスタイルを完成させた。代表作は「生まれてはみたけれど」（32）、「出来ごころ」(33)、「一人息子」(36)、「長屋紳士録」(46)、「晩春」(49)、「麦秋」(51)、「東京物語」(53)、「早春」(56)、「秋日和」(60)など多数。63年に映画界初の芸術院会員となるが、同年12月12日、満60歳の誕生日に死去。その作品は国際的にも高く評価されており、ヴィム・ヴェンダースら内外の映画作家に与えた影響も大きい。

併映映画　「天国その日帰り」　（監督・内田吐夢、主演・田村邦男／昭和５年 作品）

『突貫小僧』上映会のチラシ

上映会を頼まれたケースもあるが、どこの会場も満員で、映画の力はつくづく凄いと思い知らされた。

さらにその勢いは海外にまで波及する。一九九二年四月、香港国際映画祭の多彩なプログラムのなかに「舊夢重圓　電影資料館珍藏精選」というクラシックフィルム特集があり、そこで『突貫小僧』と『天国その日帰り』が上映されたのである。

前年、その話を申し込まれたとき、わたしは、二本とも9・5ミリ版を16ミリにしたもので、とうてい国際映画祭の上映にふさわしいと思えないと言った。すると、やがて映画祭の関係者がわざわざ来日し、二本のフィルムを試写で見て、オーケーを出した。

かくしてわたしの映画祭参加が決まり、四月中旬、香港の空港に降り立った。出口で東京国立近代美術館フィルムセンターの佐伯知紀さんと一緒になり、あたりを見回すと、わたしたちの名前を記した紙片を持つ青年がいて、紙には『突貫小僧』『天国その日帰り』と漢字で書いてある。青年に近づいて名乗ると、彼は笑顔で頷き「トッカンコゾー?」と訊く。わたしがバッグを示すや、彼は「おお!」とバッグをひったくるように抱え込んだ。わたしではなく「トッカンコゾー」を出迎えに来ていたのである。香港映画祭では、めぼしい作品は日時と場所を変え、二回上映されるが、『突貫小僧』『天国その日帰り』は計三回上映された。

その間、こんなことがあった。ある日、未知の人から電話があり、『突貫小僧』のことでぜひ話したいことがあると言い、何なのかと訊いても、詳細は会ったときに、としか答えない。そこで都内の喫茶店で落ち合った。なんと、突貫小僧を演じているのは自分の父親であり、青木富夫ではない、という話で、いくら反論しても、頑として言い張る。話は結局、水掛け論に終るしかなかった。

あれやこれや、何が起こるか予測などできないが、すべての出来事は『突貫小僧』というフィルムの偉大さによるというべきか。

酒井さんの企画で、一九九四年二月、『突貫小僧』のVHSがビクターエンタテインメントから発売された。題して『小津の「突貫小僧」が見つかった!』。『天国その日帰り』も収録されている。それで騒動記は終了した。

茅ヶ崎映画村で知り合う

岡部さんとは茅ヶ崎映画村で知り合った。実在の村ではなく、神奈川県茅ケ崎市の公民館で催された上映会のことである。

わたしが東京から茅ヶ崎市に移り住んで数年後、すぐ近くに開館した市立小和田公民館を訪れ、職員とあれこれ話すうち、映画の上映会を始めたいので協力してほしいと頼まれた。即座に応じ、地域住民が文句なしに楽しめる作品を選ぼうと、頭を捻った。第一回は一九八〇年の秋で、上映作品は、忘れもしない、中村錦之助主演の『関の彌太ッペ』。山下耕作監督の股旅時代劇で、一九六三年の東映作品。まだDVDはなかった頃で、上映はレンタル業者から借りた16ミリのフィルムによる。

無料ということもあってか、数十人は坐れる公民館ホールが満員になり、終了後、大満足の声を聞き、職員ともども喜んだ。上映会はそれを初日に、毎週土曜か日曜、四回連続する。その小和田映画村は以後、毎年一回、同じように四回催されてゆく。

当時、市内に、映画を通じての友人がいた。監督の森崎東さん、監督になる直前の松竹助監督の三村晴彦さん、そして評論家の上野昂志さん。わたしは毎回、彼らに相談して上映プログラムを決めるとともに、上映前の解説を分担してもらった。解説担当者には薄謝が出るが、あとはボランティアである。四人の知り合いの映画監督や俳優、映画評論家などに声を掛け、ゲストに来てもらったから、上映会は盛り上がった。

小和田映画村の好評を受けてだろう、その後、市内の三つの公民館でも同様の上映会が催されることになり、わたしは世話役を頼まれた。やはり仲間に相談してプログラムを組み、解説を分担し、忙しいが楽しかった。計四館の上映会は一九九二年まで続き、まとめて茅ヶ崎映画村と呼んでいたのである。

その間、小和田映画村が始まってまもなく、村尾一郎さんという市内在住の映画ファンが常連となり、たちまち親しくなった。というのは、映画に関する知識が桁外れで、映画の生き字引という以外ない。むろん作品選定と解説に加わってもらった。やがて村尾さんが同好の友人を上映会に連れてきて、紹介してくれた。

それが岡部純一さんである。やはり並の映画ファンではなく、昔の時代劇については信じられないほど詳しい。当然、親交を深めた。

岡部さんは茅ヶ崎市のすぐ隣の藤沢市在住で、元自衛隊のパイロットだった。そういえば、彼の車に乗せてもらうことが何度かあり、そのたびに、軽やかで絶妙な運転ぶりに目を瞠った。動体視力が卓抜なうえに体の動きがしなやかなのである。元パイロットという話は後日聞いたことで、親しくなった頃には羽毛蒲団の購入をしきりに勧められたのを憶えている。そうこうするうち、今度は、神奈川県の寺の敷地に空き地があれば、墓地にしないかと持ちかけ、それを販売する会社を設立し、わたしにも墓の有無を尋ねた。

面白い人だなあと思っていたら、なんと、お坊さんになる修行をして、石川県松任市（現・白山市）の寺に住職として引っ越したと伝えてきた。数か月後の電話で、落ち着いたから、お寺の広い本堂にスクリーンを張って、講話の傍ら、近所の人々向けの16ミリ上映会をやっているので、ぜひ遊びに来てほしいという。

岡部さんのその話を近くに住む森崎さんにしたところ、好奇心旺盛な人だから大いに関心を示し、わたしの京都出張に合わせ、一緒に行くことになった。わたしの運転する車で茅ヶ崎から ほぼ北上し、長野県の森崎さんの旧友宅で一泊したあと、新潟県に入り、日本海沿いに親不知海岸などを経て、石川県の松任市へ。森崎さんとは長い付き合いだが、この旅は途中、温泉に入ったりしながらで、格別に楽しかった。

岡部さんは歓迎してくれた。お寺は長い歴史を思わせる風格があり、廃寺だったのを手入れしたという。中をいろいろ案内して、広い本堂にくるや、左右の柱の上を指差し、あそこからここへスクリーンを張るんですよ、と得意満面の岡部さん。そのあと、近くに好い温泉があるから、と三人で行って、素敵な飲み屋で歓待を受け、映画談義に花を咲かせる。二人はお寺に泊めてもらい、翌日、車で出発し、京都駅で森崎さんと別れ、わたしは取材先の太秦の東映撮影所へ向かった。

それから数年後だったろう、久しぶりに岡部さんから電話があり、涙声なので驚いていると、お寺が漏電原因の火事により全焼したという。しかもお母さんが煙に巻かれて亡くなった。わたしはおろおろするばかりで、まともな話ができなかった。所蔵フィルムのことは聞けなかったと思う。

岡部さんはその後、琵琶湖畔に移り住み、たしか居酒屋を営んだ。そして、現在は愛知県岡崎市に住んでいる。

コレクターのネットワーク

『突貫小僧』を見せてもらったあと、一九八八年五月、岡部さん宅で最初のインタビューをした。その後の取材内容も含めて構成し、以下に記す。

岡部純一さんは一九三九年生まれ。わたしと同い年である。

子どもの頃から映画が好きで、まず手に入れたフィルムは、手回しのオモチャの35ミリ映写機用の、ほんの二、三分の断片だったという。

「ただね、子ども相手だから、マンガが多いんですよ。わたしはチャンバラが好きだったけれど、仕方がない。浅草の仲見世の奥のほうにあったカメラ屋で、好いシーンだけを集めたという端尺のフィルムを売っていたから、束になったそれを買ってきて、嬉しがって見たところ、風景だけだったりしてね。紙に印刷したオモチャのフィルムで、35ミリより少し幅が狭いけど、九ミリ半と同じようにコマとコマのあいだに穴があるものもあった。コマ送りをするために引っかく穴が左右の端にあれば、紙だから破れやすいし、これのほうが画面が大きい。鞍馬天狗とか丹下左膳とかの断片を反射式で映して楽しむんです」

小学生の頃、東京の江古田に住んでいて、祖母や母親に連れられて練馬や池袋の映画館へ行った。映画好きが始まり、やがて独りで映画館へ。

「その頃、新東宝が戦前の日活映画を新版にして公開したんです。で、わたしは嵐寛寿郎の『片眼狼』と『角兵衛獅子』を見て、この人はなんでこんなに若くなったり老けたりするんだろう、おかしいなあと思って。片方が戦前につくられたものだとはどこにも書いてありませんからね。そんな記憶があります」

『鞍馬天狗　角兵衛獅子』は一九三八年の日活作品で、『右門捕物帖　片眼狼』は五一年の新東宝作品。いまの話は五一年の記憶なのであろう。

「十歳のときから独りで映画館へ行ってました。うんと怒られたのは高峰三枝子の『想い出のボレロ』や『情熱のルムバ』を見たときで、子どもがあんな映画を、と。あの頃の映画は鮮烈に憶えていますね。いまみたいに、今日見て明日にはすっかり忘れちゃったということはない」

『想い出のボレロ』も『情熱のルムバ』も一九五〇年のどちらも松竹のメロドラマ。たしかに子どもが面白がるものではないが、おませだったのであろう。いや、映画館へ行くのが大好きで、何でも見たのにちがいない。

「本格的にフィルムを集めるようになったのは高校時代で、十分程度にダイジェストした8ミリをオモチャ屋や写真屋で売ってたんです。それを何人か集めて上映して楽しんでいた。でも、大人になって忙しい時代に、しばらく中断して、何度か引っ越すうちにフィルムは失ってしまいました」

やがてフィルム集めが再開する。

「渋谷にジュネス企画という会社があって、8ミリ、16ミリの外国映画のフィルムを売っていたんです。いまもあります。わたしはあそこのおかげで『駅馬車』や『ハイヌーン』の完全版を8ミリで手に入れることができた。アメリカのものは8ミリでもすごく音が良いんですよ。映像も16ミリ並みに綺麗で。そこに通ううち、やはりお客で来ていた宮国登という人と知り合いになって、どんな映画が好きかと聞かれ、戦前の日活時代劇が好きなんだ、だけど見ることができないと言ったら、『忠臣蔵』ならうちにある、もう8ミリをやめて16ミリにしたらどうか、と。いや、あれはプロのもんだからと言ったら、じゃあ、自分が安く分けてやるからとなって、16ミリを初めて手に入れたのが日活オールスターの『忠臣蔵』なんですよ」

いうまでもなく『駅馬車』は一九三九年、『ハイヌーン』つまり邦題『真昼の決闘』は五二年の西部劇。日活オールスターの『忠臣蔵』は「天の巻」「地の巻」から成る一九三八年の大作で、阪東妻三郎、片岡千恵蔵、嵐寛寿郎、月形龍之介らが顔を揃え、監督は「天の巻」がマキノ正博、「地の巻」が池田富保。

『忠臣蔵』を入手したのは一九六九年で、そこから16ミリ集めが始まる。

「ただね、16ミリの映写機とともに譲ってもらった『忠臣蔵』は映像が悪くて、その後、大坂稔さんから綺麗なフィルムを手に入れ、前のものは売っちゃいました」

大坂稔という名は、第一章の安井喜雄さんが無声映画のフィルムをたくさん買った話に出てきた。

岡部さんが大坂さんとの出会いを語る。

「日活の『まぼろし城』が大阪のシギノ大劇で上映されるのをキネマ旬報で知り、飛び上がって喜んで、ホテルを取って、二日間ずっと見たんです。で、どうしてもフィルムが欲しくなり、湯原さんという支配人に頼んで、フィルムの持ち主を紹介してもらった。それが大坂稔さんで、関西テレビの近くのアー

豆プロ『まぼろし城』

ト芸能企画に行き、社長の大坂さん、トニー大坂ともいうんですが、直接会って、フィルムを譲ってもらう交渉をしました。すると、トニーさんは、譲るわけにはいかんが、反転コピーするならいいよ、とフィルムを貸してくれたので、現像所へ持っていき、一本プリントしました」

反転コピーとはネガを取らずにリバーサルフィルムで複写するポジ・ポジ方式。『まぼろし城』は一九四〇年の日活時代劇で、監督は組田彰造。原健作主演で、子どもに人気を博したが、失われたとされていた。話題になっているフィルムは16ミリと思われる。岡部さんが見せてくれたシギノ大劇の『まぼろし城』チラシには「無声映画を守る会」の第四回鑑賞会とあり、一九七六年のことだとわかる。

岡部さんのフィルム収集熱が高まっていたわけで、全国各地のコレクター同士が独自のネットワークで繋がり、フィルムをやりとりしているなかに参加してゆく。

「その頃『小型映画』という雑誌にフィルムを売ったり買ったりする情報欄があって、埼玉の大橋正英さんから16ミリを買ったんです。最初が嵐寛寿郎の『荒獅子』。この人はコレクターとはちょっと違って、売るのを商売にしている。『春秋一刀流』も『初姿人情鳶』も買いました。『春秋一刀流』は35ミリのネガを大橋さんは持っていて、欲しいやつにプリントを焼いてくれる」

大橋正英の名は何人かのコレクターから聞き、わたしはのちに取材に行き本書第三章で報告する。『荒獅子』については第一章で触れた。『春秋一刀流』は片岡千恵蔵が平手造酒を演じる一九三九年の日活作品で、監督は丸根賛太郎。『初姿人情鳶』も知恵蔵主演の三八年の日活作品で、監督は衣笠十四三。しかし『春秋一刀流』の35ミリのネガを持っていたとは、どういうことだろう。日活の倉庫から盗んだものなのだろうか。

自分の好みがすべて

岡部さんは戦前の日活時代劇が好きだと語っているが、とりわけ嵐寛寿郎の熱烈ファンである。そのことはコレクター同士の交渉にどう関わるのだろう。

「小型映画」の情報ページ

「就職して仕事で日本中を飛び回ることが多かったから、各地の古物の市とか古道具屋でフィルムを捜して買いましたが、わたしがコレクターだと知っている人から、買わないかという話がいろいろくる。その場合、最初の値段は高い。で、買わないと、少し値段を下げて、つぎの人に話を持っていく。だから、わたしみたいに、嵐寛が欲しい、嵐寛が欲しいと馬鹿みたいに言ってると、馬鹿高い値段で買わされちゃうわけですよ。そのかわり、わたしのところに千恵蔵の話が来たときには、安く買える」

なるほど、コレクター同士は相手の腹を読み合うわけか。それは交渉ごとの常態といえようが、そこを逸脱する事態もときに起こる。岡部さんが関与して、知り合いのコレクターが別のあるコレクターに珍品のフィルム数本を貸したところ、相手は無断でコピーしたり上映会を催したりした。岡部さんたちが法的手段に訴えて糾弾し、相手は慰謝料を払ったというが、わたしは聞いて、複製というフィルムの属性が悪用されたことに、痛ましさに似た思いに沈んだ。

話を戻すと、ネットワークにおけるフィルムの値段は、在るようで、無い。これが厳然たる事実で、コレクターの誰もがいちばん悩む点だが、いろいろ工夫も案出される。

「どうしても買いたいフィルムがあっても、それ一本だけじゃなく、ほかのものと抱き合わせでないと売ってもらえない場合があるんですよね。買うと、〈お供〉が付いてくる。好きじゃないシャシンだと、自分が売るがわになったとき〈お供〉として付ける。もう持っているものをまた買うこともありますよ。押しつけられるわけじゃなく、あんたが嵐寛が好きだと聞いていたから、喜んでくれると思って、あんたのために手に入れたんだよ、と言われると、ああ、そうですか、どうもありがとうと言って、それはありますよと断わったことは一度もありません。そこまで人のことを思ってくれていると、やっぱり悪いような気がして言えない。わたしは図々しい性格だけれど、弱気な面もある」

岡部さんはそう言って大笑いしたが、なにしろ迫力のある風貌だから、聞いてわたしは意外そうな顔をしたのかもしれない。

「いや、本当ですよ。親切に言ってくれる人には弱いから、買っちゃうんです。そういう作品はやっぱり嵐寛が中心になる。『怨霊佐倉大騒動』とか『危し！伊達六十二万石』とかはダブってるんです」

『怨霊佐倉大騒動』は一九五六年、『危し！伊達六十二万石』は五七年の、ともに新東宝作品。それにしても〈お供〉の話は興味深い。コレクターによって好みは大きく違うから、〈お供〉に付いてきたフィルムのうち、好きではないものは売りに出され、そうやってコレクター間を流通するのであろう。

「題名を変えてある場合があって、これには困ります。著作権の問題があるので、別のタイトルを付ける。もっと大きい要因は戦後すぐのチャンバラ御法度など占領軍による検閲で、題名で調べるのがわかっているから、引っ掛からないように変えちゃう。あるいは、自分で上映会をやるとき、あ、こんな映画があったのか、見たいな、と思わせるため、題名を変えて新作に見せかける人もいるんです」

岡部さんは自分が売る場合のことも話してくれた。

「その人の好きなものが高いんです。わたしだって、親しくしている人がこういうフィルムを絶対欲しいだろうなと思えば、高い値段を付けますよ。いちばん高く売ったのは五十万円。松竹の『男はつらいよ』シリーズの一本で、日米二か国語のニュープリントをアメリカの航空会社から買った。飛行機のなかで上映するやつですよ」

そんなフィルムがどうして入手できるのか、岡部さんもわからないという。コレクターのあいだには、普通には考えられないようなフィルムが出回っているのである。

「とにかく自分の好みがすべてですね。有名な作品かどうかは関係ありません。わたしは『突貫小僧』を有名な小津安二郎の作品だから欲しかったわけではない。九ミリ半のフィルムが欲しかったんです。九ミリ半がいつまで在るかわかりませんからね。だから、9・5ミリの映写機は持っていないのに、相手を三年がかりで口説いた。そうそう、宮国さんはわざわざ九ミリ半の映写機を買いにヨーロッパへ行きましたよ。古道具屋か何かで買ったらしいけど、二、三万だったとか。旅費に百万掛けてイギリスとフランスに行ったそうですが、偉いですよねえ」

フィルムコレクターには、宮国さんのように機材に凝る人がいる。

「宮国さんは、ちゃんと稼働する17・5ミリの映写機と、それ用のフィルム、東宝の『決戦の大空へ』と日活の『織田信長』を所有していました。17・5ミリは35ミリを半分に切断したもので、戦時統制の節約時代の産物です。フィルムを持っている人は二人知ってますが、稼働する映写機を持っているのは宮国さんだけですね。宮国さんとは一緒に何度かイギリスの骨董市に行ったことがあります。夫婦二組で、掘り出し物を捜しに」

『決戦の大空へ』は一九四三年の海軍航空隊予科練習生を描く戦意高揚映画。『織田信長』は四〇年の作品で、信長の桶狭間の戦いへ至るまでの成長を描く。

それにしても掘り出し物を捜しにイギリスまで行くとは、コレクターの情熱はやはり常人には計り知れない。つくづくそう思うが、岡部さんの出発点は少々違う。

「映画が好きなら、誰にでも何本か、もう一回どうしても見たい映画があるでしょう。日本の昔のシャシンで、見たいと思っても見られないものがあるでしょう。見るには、自分でフィルムを捜し出して所有するしかない。わたしはそれをやっているわけで、映画館でちゃんと上映してくれれば捜して買う必要はありません。自分で独占しようとか、そういう気はまったくないんです」

二〇二〇年七月、岡部さんと数年ぶりに会った。

わたしが本書の取材で京都および神戸へ行くので、どこかで話を聞きたい、と事前に電話で連絡し、新幹線の三河安城駅を指定された。岡部さんが車で来てくれ、鰻屋、喫茶店とハシゴする。

小説にまで登場する

電話のやりとりは続けてきたが、やっぱり顔を合わせれば話が弾む。互いの近況報告のあと、わたしは以前のインタビューで気になった部分、確認したい点などを、つぎつぎ挙げていった。岡部さんの答えは、コレクター諸氏についての情報ともども、上記の文章に取り入れたが、あえて書き入れなかったことがある。

岡部さんに会う前月、東京・渋谷の映画館ユーロスペースで「浪曲映画特集」上映会があり、わたしが片岡千恵蔵主演『春秋一刀流』の解説を務めた。日活が所蔵する16ミリによる上映があり、冒頭に、埼玉県の大橋正英氏から原版を提供されたという意味の字幕が付いている。

岡部さんの話では大橋正英が『春秋一刀流』の35ミリのネガを持って

『春秋一刀流』

いて、欲しい人にプリントを焼いてくれたという。では、日活の16ミリは何なのだろう。その辺りを詳しく知りたかったのである。

「大橋さんは『地獄の剣客』という題名の35ミリのネガを手に入れ、中身から『春秋一刀流』だとわかったんです。昔のフィルムのネガは、画《え》ネガと音ネガが別々だった。それを手に入れたんだから、つまりオリジナルだということですよ。そのネガは盗んだものではなく、日活がネガを預けてあった現像所が火災に遭い、焼け残ったフィルムを廃棄処分にしたとき、処分屋がそれをマニキュアの原料として買ったなかに、あったんです」

では、いま日活にある16ミリはそこから起こしたプリントなのか。

「そうですよ。画ネガと音ネガは傷んでいたので、わたしが大橋さんと相談して、知り合いの現像所に点検してもらい、16ミリにしたんです。そのとき、『地獄の剣客』という題名は外し、『春秋一刀流』に関するいろんな資料を調べて、独特のデザインのタイトル文字にしたんです。で、わたしが日活に渡した。わたしも持ってます」

岡部さんの説明はじつに明快で、わたしも事情がよくわかった。と、岡部さんが小さな箱を取り出す。何かと聞けば、『春秋一刀流』のオモチャ用のフィルムで、画ネガから作製したものだから音はないが、35ミリである。そのフィルムを引っ張って広げ、満面に笑みを浮かべる顔はまさにコレクター以外のなにものでもない。

いまでもフィルム集めはこつこつやっていると言いながら、岡部さんはスマートフォンを取り出して、嬉しそうに写真を見せてくれる。旧式の16ミリ映写機で、ネットオークションで入手したとのこと。岡部さんも機材マニアだと初めて知って驚く。もしかしたらフィルムを集めて上映するうち、メカの魅力に取り憑かれたのかもしれない。

もうひとつ意外だったのは、岡部さんがネットオークションでフィルムや機材を集めていることで、聞けば、ネットには情報がいっぱいあるという。コレクターの世界も新時代に入っているということなのだろう。

それにしても岡部さんは、住所も仕事も転々とし、フィルムコレクターという以外、わたしには判然としない。各地のコレクターとの交流のほか、話の端々から察するに、政治家や実業家など、広範な付き合いがあるらしい。そういえば、熱烈な映画ファンである小説家の色川武大と親しくするうち、彼の小説に登場したという話を、いつか聞いたことがある。岡部さんの名前は出てこないが、知り合いの元自衛隊パイロットが墜落死したと書かれていたそうで、「殺されちゃいましたよ」と岡部さんは大笑い。

小説にまで登場するのだから、神出鬼没のフィルムコレクターとでもいうべきか。

初期の映写装置
古林義雄さんの所有

第三章 フィルムコレクター歴訪

一九八八〜九二

芋づる式にフィルムコレクターを訪ねる

　フィルムコレクターは全国各地にいるが、何らかの名簿があるわけではなく、何人いるかも不明で、個々のコレクターが自分なりの人脈を持っているにすぎない。では、取材は不可能なのか。ひとつだけ手がある。あるコレクターに取材し、その人から別のコレクターを紹介してもらい、そして、というふうに、連鎖的に訪ねてゆく方法で、じつに原始的だが、この芋づる式は確実という点で優れている。

　すでに記したように、二人の先導者のもと、一九八八年から九二年にかけて、わたしはそうやってフィルムコレクター諸氏を訪ね歩いた。インタビューの順ではないが、第三章はその報告である。

始まりはオモチャ映画のフィルム

　安井喜雄さんの案内で、一九九〇年四月、東大阪市の布施へ行って、二人のフィルムコレクターに会った。

　古林義雄さんと池田彰宏さん。古林さんの家に、親しい池田さんが来てくれ、二人一緒に話を聞いた。へええと思ったのは、どちらも最初に手に入れたのはオモチャ映画の35ミリのフィルムだったことである。

古林さんは一九二八年生まれ。鉄道会社勤めを経て、自宅で印刷用の版下づくりの仕事をしている。

「子どものとき、オモチャ映画のフィルムを親父に頼んで買《こ》うてもろたんです。そのうちダメになったり失くしたりして、あとから買い直した。いま持ってるのは、8ミリに撮り直したものです。35ミリをひとコマずつ投影して自分で8ミリに撮り、何本か繋ぎ合わせる。もう何巻もつくりましたよ」

オモチャ映画のフィルムは昔のもので可燃性だから、8ミリにしたのかと思ったが、そうではなかった。

「元の35ミリは燃えることは燃えるけど、ぼおっとはいきません。古びてぼろぼろになって自然発火するいうことは、よっぽどのことがない限り、ないですわ。8ミリに落とすのは楽に映写機に掛けるためです。オモチャのままやと、一本は数十秒やから、あっという間に終る。そやから何本かを繋いで、見やすくする。出来たものは一巻が一時間以上あるんですが、ひとコマひとコマ撮っていくから、肩が凝りますわ。ほんまにもうイライラしてき

池田彰宏さん、古林義雄さん
古林さんが映画初期の装置を見せてくれる

て、途中で厭になることも何遍もあったんです」

阪東妻三郎篇や大河内傳次郎篇が、そうやって出来上がる。阪妻でいえば、一九二六年の『尊王』、三一年の『雪の渡り鳥』など、大河内では二八年の『新版大岡政談』など丹下左膳もの、それらの断片が含まれている。

池田さんは一九三〇年生まれ。会社を定年退職し、別の会社の顧問をしている。どちらも映画とは関係がない。

「小学校の五年生ぐらいかな、オモチャ映画のフィルムを集めだしたんです。短いので三十呎《フィート》、長くて五十呎。高いオモチャで、五十呎のが一円ぐらい。ぼくら一日に一銭か二銭しか小遣いもろうてなかった時代で

『尊王』

『雪の渡り鳥』

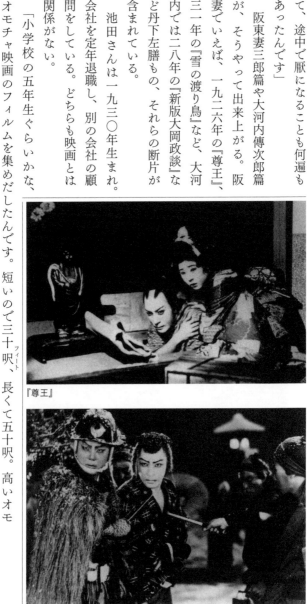

すからね。で、親のカネをくすねて、フィルムを買うたりブロマイドを買うたり。家へ帰ったら、すぐにバレてしまうんですけどね」

はっきりとは覚えていないが、幼い頃から映画が好きだったから、フィルムを集めようという気になったのだろう。

「近所の模型屋さん、グライダーとかの模型を売ってる店に、昔、日光写真いうのがあったでしょう、あれを買いに行くうち、オモチャのフィルムが置いてあるのが目についたんですわ。千恵蔵とか阪妻とかいろいろ。わあ、こんなんあるのかと思うて、飛びついて買うたのがきっかけやないかと思う」

片岡千恵蔵では一九三九年の『清水港』、阪東妻三郎では千恵蔵も嵐寛寿郎も共演した同年の『王政復古』を、いまも鮮明に覚えている。

「フィルムは買うたけど、映写機を持ってないんですよ。燃えるフィルムを電球近づけて見るから、うちの親はうるさいし、もし火事になったらどうするんや、と怒られる。初めはフィルムを眺めるだけで、そのうちやっぱり買うた。古い古い映写機で、三円五十銭。うちではあかんから、親に隠れて友だちの家へ行って回しました」

古林さんはとりわけ映写機が好きで、いまも四、五十台持っている。

「車に放り込むとか、隠してあるんです。カネが掛かるから女房に怒られる。撮影機も何十台かあります。8ミリも9・5ミリも16ミリも。こないだも16ミリのええ撮影機があると聞いて、使いもせんのに買うしね、結構おカネが要りますわ。自分の持ってるものの上のものがあったら、また買おうという気になる。欲しい人がおるので、売れんことはないけれど、やっぱり売るのは惜しい。こういうふうに、ややこしいものを集めて喜んでるんです。まあ女房は諦めてますけどね」

話すうち、古林さんがフィルムをいろいろ見せてくれた。ライオンフィルム、日の丸フィルム。小さな缶入りで、「面白い家庭映画キングフヰルム」と書いたものもある。

「缶だけでも売ってるんです。朝市で缶があったので飛びついたら、缶だけで、何ぼやと訊いたら、何百円とか何千円とか言う」

紙フィルムなるものも、現物を初めて見せてもらった。

「これ、みんなマンガです。『忠臣蔵』とかね。絵が裏返しに印刷されてて、映写機で反射させる仕掛け。ぼくは専用の映写機も二台持ってます。反射式やからカラーもあるし、蓄音機と同調させるトーキーもある」

費用が並大抵でないのに加えて、珍しいものを集める苦労も尋常ではない。

「何か出るやろ思うて、毎日曜日、四天王寺の朝市へ行くんです。今朝も四時に起きて行きました。フィルムは滅多に出ないけど、たまには出る。で、朝市に来てる人と話をしてると、カメラを四百台持ってる人もいます」

池田さんは、オモチャ映画のフィルムを集めたあと、そういう方面に関心がなくなっていたが、結婚後の一九五二、三年頃、それが一変した。

「大阪で松田春翠が阪妻の『雄呂血』を上映したのを見て、ぼくは感激して、その無声映画鑑賞会に入ったんですわ。ずっと映画ファンではあったんですけど、洋画ばっかり見ておって、『雄呂血』でチャンバラ映画がいっぺんに好きになった。会報で8ミリの乱闘集が会員頒布されると知って、こんなものがあるのかとすぐ買うて」

『雄呂血』は一九二五年の阪東妻三郎プロ作品で、監督は二川文太郎。ラストの大乱闘はど迫力に満ちている。

「それからチャンバラ映画の上映会に行くうち、大阪での無声映画ブームのきっかけをつくった森田留次さんという人と知り合いになって、阪妻の『血煙高田の馬場』を分けてもろうたのが、ぼくの16ミリの一本目でしたんや。森田さんが35ミリを手に入れて16ミリに焼きはってね、ぼくは映写機を持ってないのにフィルムだけ買うた。そのあと、森田さんのことは埼玉の大橋正英さんが教えてくれたんです。そのあと、映写

『血煙高田の馬場』

機も手に入れ、大都のスター大乗寺八郎が好きなんで、『妖雲白粉蜥蜴』を大橋さんから譲ってもろたり、京都の田渕宇一郎さんからもいろいろ買うたりしました」

『血煙高田の馬場』は一九三七年の日活作品で、マキノ正博と稲垣浩の共同監督。『妖雲白粉蜥蜴』は四〇年の大都作品で、監督は後藤昌信。森田留次と田渕宇一郎の名は安井さんの話に、大橋正英の名は岡部純一さんの話に出てきた。

「いろんな人と知り合うようになったら、知らん人から手紙が来るんです。こういうフィルムがあるので、よかったらお譲りするとか、交換しませんかとか。こっちは何もせんのに、先方さんから手紙がね」

そうやってコレクター間でフィルムが転々とする。

たとえば一九四〇年の日活時代劇『まぼろし城』。池田さんは第二章の岡部純一さんと同じように大坂稔さんから入手し、持っていたところ、西原延和というコレクターに懇願されて譲り、それがまた別のコレクターに渡ったという。いろんな人に取材中、西原コレクションは膨大なものだったという話を何度も耳にした。

「いつか阪妻の『蛇眼』が九州で上映されるいう手紙をもろたことがありましてね。大分の人がフィルムを持ってる、と。実際にはその人が言うてるだけで、誰も見てないんですわ。ほんまかいな、いう感じの話はしょっちゅうあります。阪妻の『風雲将棋谷』を保険会社が持っていたけど、戦争中にフィリピンかどこかに売ってしもうたとか。阪妻の最初の『牢獄の花嫁』があるというので、みんな騙されたこともある」

コレクター間ではガセネタが飛び交っているということか。『蛇眼』は一九二六年の阪妻プロ作品で、監督は志波西果。『風雲将棋谷』は四〇年の日活作品で、監督は荒井良平。『牢獄の花嫁』は同じ阪東妻三郎主演で二度映画化されている。最初は三一年の阪妻プロ作品で、監督は沖博文。二度目は三九年の日活作品で、監督は荒井良平。どちらも前後篇二部作で、後者は現存するが、三一年版は現存せず、ファンのあいだでは「幻の映画」として知られている。

「最初の『牢獄の花嫁』は映画館で見たことがあるんです。昭和二十五、六年頃に弁士付きで。あれはすごい映画やった。大河内の『忠次旅日記』も梅田地下劇場いう映画館で見ましたよ。昭和二十二、三年頃。ものすごい満員でね。あれは山中商会が持ってたフィルムや、と森田さんが言うてはった」

いま、池田さんの発言を記しているが、阪妻の話になるや、横で古林さんがそうそうとしきりに相づちを打った。というのは、ほかでも

『牢獄の花嫁』

ない、古林さんは熱烈な阪妻ファンなのである。少しあとの話になるが、二〇〇二年、阪東妻三郎生誕百年記念「阪妻映画祭」のとき、わたしは公式カタログ『阪妻　スターが魅せる日本映画黄金時代』の編集を担当し、古林さんから貴重な写真や資料を貸していただいた。なんと、古林さんは八代亜紀の熱烈ファンでもあり、彼女の出たテレビ番組はすべて録画してあるという。そのためのデッキが四台あって、CMは飛ばして録画する。

池田さんが『まぼろし城』を譲ったときの話に戻るが、手放す前に自分でビデオに撮っておいた。

「ぼくは興行するわけじゃなし、単に家で見るだけやから、ビデオがあればええ。どうしても手放したくないものは置いときますけどね。ただ、自分のフィルムには欠けてる部分があって、より長いのがビデオで出たら、欠陥品を持ってようという気が起こらない。見るなら、そら映画のほうが素晴らしいけど、自分が家で見るとき、映写機を出して、暗くして、スクリーンを張って、終ったらまた仕舞うのは大層ですやん。ビデオのほうが簡単ですわな」

古林さんは自分は違うと言う。

「ぼくは独りで見る場合でも、映写機を出してきて、スクリーンに映して見るのが楽しいな。邪魔くさいと思うときもあるけど、やっぱり映すのがええ。というのは、機械をいらうのが好きなんです」

コレクターとひと口にいっても、それぞれに趣味や性向が微妙に異なるから、一緒くたに考えたら間違いらしい。この点は、何人もに取材するうち、はっきりした。

『突貫小僧』を一九八八年に見たあと、コレクターを歴訪すれば、とんでもないフィルムに出会うかもしれない、とわたしは思った。

骨董市に店を出してフィルムを売り買い

そんな「幻の映画」の一本が『忠次旅日記』にほかならない。伊藤大輔監督・大河内傳次郎主演の三部作で、一九二七年の日活時代劇。戦前の日本映画の最高傑作と多くの文献にあり、大好きなチャンバラ映画だから、ずっと以前から見たかった。幸いにも、一九九二年、第二部の一部と第三部のほとんどが見つかって、東京国立近代美術館フィルムセンターで上映され、長年の渇を癒せた。だが、完全な全篇ではない。むしろ部分を見ることによって、ますます「幻の映画」になったといえる。

田渕宇一郎さんがそれを持っていた、と安井さんの話に出てくる。

一九八八年七月、安井さんの案内で京都・東寺の朝市へ行き、そこの一角に店を出している田渕さんに紹介してもらった。店には映写機が何台も置いてあり、周りには、帽子、タコ焼きの道具など、雑多なものが並んでいる。田渕さんはお客さんの相手をする合間に、それらについてわたしに楽しげに説明してくれる。商売の邪魔になるので、その日は立ち話だけに終り、後日のお宅訪問を約束した。

　一九八九年三月、田渕さんの「映像資料室」なるものを訪れた。普通の町家なのだが、自宅とは別らしく、中はフィルム缶や映写機やらで足の踏み場もない。ゆっくり話のできる状態ではないので、近くの喫茶店に腰を落ち着けた。

　雑談をしながら田渕さんのコレクター歴を聞く。

「フィルム集めは昭和三年、小学一年の頃からですわ。オモチャ屋で売ってたフィルムを買《こ》うた。三十呎とか五十呎とかのフィルムで、一円五十銭くらい。母親にねだって二円五十銭の映写機を買うてもろて、五十ワットの電球を入れて、

田淵宇一郎さん、筆者
京都・東寺 弘法市

弘法市の田淵さんの店

見るんです。映画館で屑フィルムをもろうてきたりもしました」

古林さんと池田さんも、最初はオモチャ映画のフィルムを集めたと話していたが、町のオモチャ屋で売っていたのは、全国の映画館で上映したあと廃棄したものの断片で、まぎれもなく35ミリのフィルムだった。また、映画館では、映写中のトラブルなどでフィルムが切れ、繋ぎ直すときなどに、フィルムの切れっ端が出ることがあり、その端尺を捨てる。田渕さんの言う屑フィルムとはそれで、わたしも子どもの頃、遊び仲間から嵐寛寿郎の鞍馬天狗が写っている端尺フィルムを見せられたことがある。

話からわかるように田渕さんは戦争体験世代である。

「兵隊に行く前から本格的にフィルムを集めるようになり、戦後も、売ってたのを買うて、35ミリだけで五十巻くらいありましたかな。劇映画だけやなく、シベリア出兵とかのニュース映画もあって」

田渕さんは大型免許を持っていて、病院の車の運転を仕事にしている。夜十時から翌朝の三時まで夜勤の看護師や職員を送り迎えする。そこで、昼間は映画に関することに専念できる。

「フィルム集めのあいだに映画の上映会をやってますが、百人を目標にしても、来るのは十五人ほど。映画関係は持ち出しですわ」

それでもフィルム集めは熱心で、北野天満宮の朝市へ行くばかりか、先述したように京都の東寺で月一回開かれる骨董市「弘法市」には自分も店を出し、ほかの店から珍しいフィルムを買っている。

各地のコレクターとは、フィルムの売り買いを通じて連絡を取り合い、古い『忠臣蔵』も16ミリで持っていた。伊井蓉峰が大石内蔵助を演じるというから『忠魂義烈　実録忠臣蔵』ではないか。「日本映画の父」と称せられる牧野省三監督による一九二八年の作品で、編集中の火災事故により完全版は失われ、部分だけで公開されたが、その一部が現存するにすぎない。片岡千恵蔵主演の『源氏小僧』も持っていたという。一九二八年の片岡千恵蔵プロの作品で、監督は稲垣浩。

田渕さんの口から映画史的に貴重な作品の題名がつぎつぎ出てくると、ほとんど眩暈に襲われ、売ってしまったと聞けば、なおさらそれが募る。映画はやはり失われてゆく運命なのかと落ち込むわたしに、田渕さんはけろりとした口調で言う。

「戦後はね、アメリカの進駐軍がフィルムを没収して、燃やしたもんです。どんどん無くなりますわな」

気になる『忠次旅日記』のことを訊いた。

『忠魂義烈　実録忠臣蔵』

「昭和二十六年頃、大阪の梅田新地にあった山中商会から預かってたんです。たしか全部で十五巻あったかな。町内で上映もして。そのあと山中商会に返したら、誰かに売ったと聞きました」

戦後のある時期まで『忠次旅日記』のフィルムが在ったことは間違いない。

見る楽しみと好きな機械いじり

安井さんが映写室を持っている牧場主の話をしていたが、一九九〇年七月、別のコレクターの取材も兼ねて、そこへ連れていってもらった。

大阪で落ち合い、岡山から宇野線に乗り、小さな無人駅へ着く。見渡すかぎり緑の田園が広がり、家屋の姿など見当たらない。すると、安井さんが遥か遠くを指差し、あそこですわと言う。風に波打つ緑の彼方に目を凝らすと、家というより、ヘリコプターか何かの格納庫のようなものが見える。歩ける距離ではなく、タクシーに乗った。

高山益夫さんがその牧場主で、上映室に案内してくださる。中へ入って、目を瞠った。ミニシアター顔負けの上映室ではないか。感嘆の声を挙げるわたしに、高山さんが嬉しそうに話す。

「五間に六間だから畳にして六十畳です。まあ五十人くらいは入り、詰めれば百人。スクリーンはシネスコサイズで、縦が二メーター七十五、横が七メーター五十。スピーカーは自分で組み立てたんです。ユニットを買ってきて。機械いじりが好きで、若い時分から真空管のアンプやラジオなんか組み立ててました。液晶ビジョンもあり、スクリーンに映せるので、カラオケも出来る。レザーディスクでね」

高山益夫さん
自宅の上映室

高山さん
作業室の棚には種々の道具が並んでいる

天井が高く、スクリーンには左右に開く幕が備えられ、後方の二階に映写機が設置されている。座席は後ろのほうにあるソファだけで、床の広さが際立つ。

「ときたま近所の人が来ますが、見るのはだいたいわたし独りです。たまに家内も。映画を映すには、やっぱりこのぐらいのスペースがないと迫力が出ませんもの。あそこに並んでるのは蓄音機のコレクションで、倉庫にあるのも入れると四十台ほどあります。明治三十五年のものから年代順に置いてあり、いちばん新しいのが昭和八年で、いまでも結構鳴りますよ。レコードも約五千枚、昭和初期から戦後のものまで。高田浩吉が初めて映画で歌った『大江戸出世小唄』、昭和十年かな、あのレコードも保存してあります」

高山さんの生業は酪農と米づくり。六十七、八歳というところか。倉敷の生まれで、以前はそこに上映室があった。

「納屋程度でね、スクリーンは小さかった。そこが市街区域になったから、畜産関係の仕事は出来んようになったんです。周りに住宅がどんどん増えてきて。これはいかんというので、こっちへ来た。倉敷には息子たちがおります。住民登録は倉敷で、こっちは出稼ぎみたいなもんです。こういうことをするのには、田舎がいい。向こうだったら、ボリュームを上げたら、近所迷惑になります。倉敷のときは、百姓の傍ら、16ミリの出張映写もやりおって、頼まれれば四国のほうへも行きました」

映画に魅せられたのは小学三年生頃だったという。

「その当時、年に二回か三回ぐらい、学校で教育映画をやっとったんです。サイレント映画を活弁付きで。これで映画が好きになった。そのほかに、学校から一年に一回ぐらい町の常設館に行きおった。そのとき見たのが、ゲイリー・クーパーの若い時分の『ベンガルの槍騎兵』、あれに魅せられたんです。それが小学校の三年ぐらいで、いまだに画面が頭にこびりついていますね」

一九三五年のアメリカ映画が決定的となり、そのあと、オモチャ映画のフィルムを手に入れた。

「物心ついて中学一年生の頃に、興行で使った35ミリのフィルムをオモチャ屋で買ったんです。映画館を回ったあと、最後に会社が放出したフィルム、ジャンク品を、短く切って売っておった。それを買って、襖なんかに映して、まあチャチなもんですけど、映像が映るのが面白くてね」

高山さんの場合も、フィルム集めはオモチャ映画からスタートしたわけだが、戦争で中断する。

「太平洋戦争の第一線に行って、終戦後、復員してから、ぼつぼつ映画を集め始めたんです。時代劇が好きなんで、中古でもいいからノーカット版が欲しいと思って。岡山に16ミリの貸し出し専門店があって、ときどきそこからフィルムを借りて映写するうちに、古いのを買ったんですよ。向こうは使い捨てでね、もうこれは使いものにならんというのを売ってくれた。で、傷んだパーフォレーションを自分で直したり修復して、何とか一本に纏めたんです。チャンバラ映画が多かった」

ほとんどのコレクターと同様に、オモチャ映画から始まって16ミリへ、そして35ミリへと移ってゆく。

「16ミリがまあまあ集まった時分に、ちょこちょこ35ミリが手に入りだして、そのあとはどっちかといえば35ミリが多い。映写機は35ミリのほうが使い良いです。16ミリの映写機はあんなセットのなかにアンプから全部纏めていますよね。35ミリだと内蔵アンプじゃないから、本体は別で、故障の率は少ないんです。そのかわり持ち運びは面倒ですが。当時の35ミリのフィルムは可燃性で、昔はときどき事故があったらしいけど、取り扱いを完全にしておけば、そんなことはない」

35ミリのフィルムはどうやって手に入れたのだろう。

「かなり纏まって入るようになったのは、埼玉の大橋正英さんと接触があった時分からです。ジャの道はヘビというか、映画雑誌か何かだったかなあ、なんとはなしに大橋さんの名前がわかった」

問題なのはフィルムの買い方である。

「自分の気に入ったフィルムだけ、というふうにはいきません。そうやると高くつく。だから、要らんようなものも一緒に買わんと。選択買いしよったら、情報が入ってこんですもの。

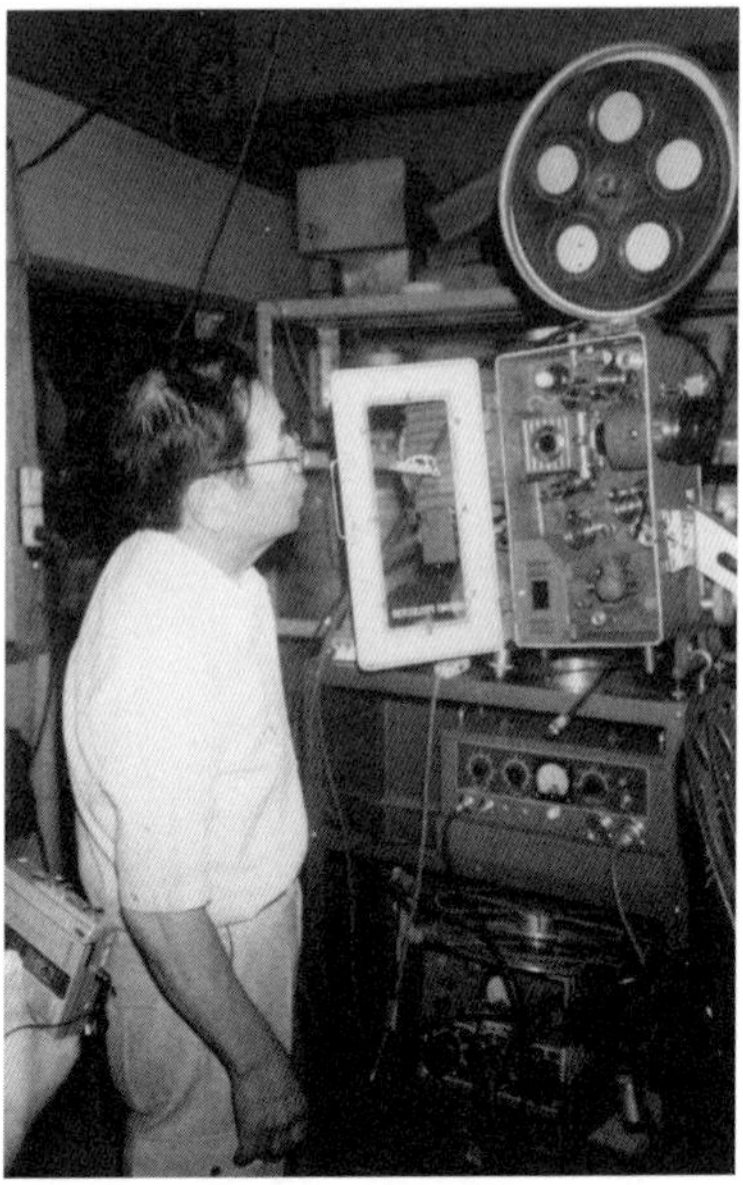

高山さん
作業室にはアンプなどの機器が並んでいる

安井さん、高山さん

あんまり執着すると、業者によったら値段を吊り上げるから、これもこれもついでに貰っておこうという格好でいけば、纏めてなんぼか安くしましょう、と。値段はあって無いようなもんで、書画骨董と一緒ですわ。それと、百本買ったら、中に一本ぐらい中身の違うものがあるが、しょうがないです。多少目をつむらないかんところがあります。あんまりきついこと言いおったら、情報が入ってこん」

なるほど、コレクターにとっては情報が命なのである。そこで、大橋正英という名前が出てくるのが印象深い。

「だいぶ前になるが、NHKの『明るい農村』に映画のことで出たら、放映のあと、全国あっちこっちから照会がありました。山口、四国、遠くは北海道の方から。まあ全国いうても、35ミリをやる人はあんまりおりません。テレビに出たとき、二十人ちょっと連絡があって、最終的にフィルムを譲ってくれ言う人は五、六人になりましたね」

ともあれ、そうやってフィルムを大量に買ったり売ったりするが、収支となると赤字だという。以前、巡回上映をしたときも、ボランティアだった。

上映室のスクリーンの下には映画館のように舞台があり、そこがフィルム倉庫になっている。35ミリは何百本とあるが、正確に数えたことがない。収蔵作品のリストも作成していないので、題名となると、漠然としている。俳優の名前はいろいろ出てきて、その出演作があるとのことだが、阪東妻三郎、嵐寛寿郎、河部五郎、山路ふみ子から、鶴田浩二、郷ひろみまで、範囲がスゴイ。とくに嵐寛が好きなので、一九二九年の東亜キネマ作品『からくり蝶』は題名がはっきりしている。日本映画だけではなく、アメリカ、フランス、ドイツ、香港の映画まである。

高山さんはコレクターだが、あくまで自分が楽しみで見るためにフィルムを集めるわけで、そこに好きな機械いじりが加わる。

上映室を出て、隣の作業室へ行って、また目を瞠った。16ミリ、35ミリの映写機が何台も並

『からくり蝶』

べてあるなか、床に広げたブルーシートには、35ミリの大きな映写機が分解中ではないか。自分でメンテナンスをするのだという。

ふと横に目をやると、封切られたばかりの大手会社の有名な作品が35ミリ用の袋入りで置いてある。あ、それは見なかったことにしてください、と高山さん。

「ゴルフをする人も女道楽をやる人もおるし、世の中いろいろですけど、わたしは映画がいちばん面白い。酒も煙草もやりません。酪農の仕事は、手を掛けてやればやるほどいいんですが、だいたい朝と晩ですわ。夏のいまごろだったら、朝五時頃に搾乳して、夕方五時、六時に搾乳する。そのあいだは時間があるんです。ただし三百六十五日、土曜も日曜も祭日もない。きついことはきつい。それでも、映画を見るのが楽しいし、映写機のメカニズムは面白いから、なんぼいじくっても飽きません。だからですが、我ながら、ようここまでやってこられたなと思います」

やはりコレクターは千差万別だと、わたしは深く感じ入った。

高山さん宅を辞したあと、安井さんの案内で、つぎの取材先へ向かう。タクシーで宇野港へ、そこからフェリーで四国へ渡り、高松を経て、今治に着いたのは午後八時半。ホテルにチェックインし、午後九時すぎ、やっと食事にありつく。そして翌日、目的のフィルムコレクターがホテルまで来てくださる。

老人ホームで上映して喜ばれる

　長野徹さんが取材の相手で、行きつけだという喫茶店で話を聞く。

　一九四八年生まれ。安井さんと同い年である。主に家電製品の修理をフリーでやっている。

「子どものときから機械が好きで、小学生の頃に鉱石ラジオを組み立てたり、中学校のときは真空管式のラジオを組み立てたりしてました。それがずっと持続して、いまも仕事になっている感じです。映画のフィルムは、小学生の頃、映画館に行ったらフィルムの切れっ端がよく捨ててあって、それを集めていた」

　ただ、その延長で本格的にフィルムを集めだしたわけではない。

「8ミリで何かを撮影するのに凝ったんです。アルバイトで結婚式を撮ったりしたけれど、自分でドキュメンタリーや劇映画をつくろうとは思わなかった。映画はやっぱり見るのが好きだったんですよね」

　8ミリに凝ったのはあくまで機械好きだからなのであろう。映画を見て最初に夢中になっ

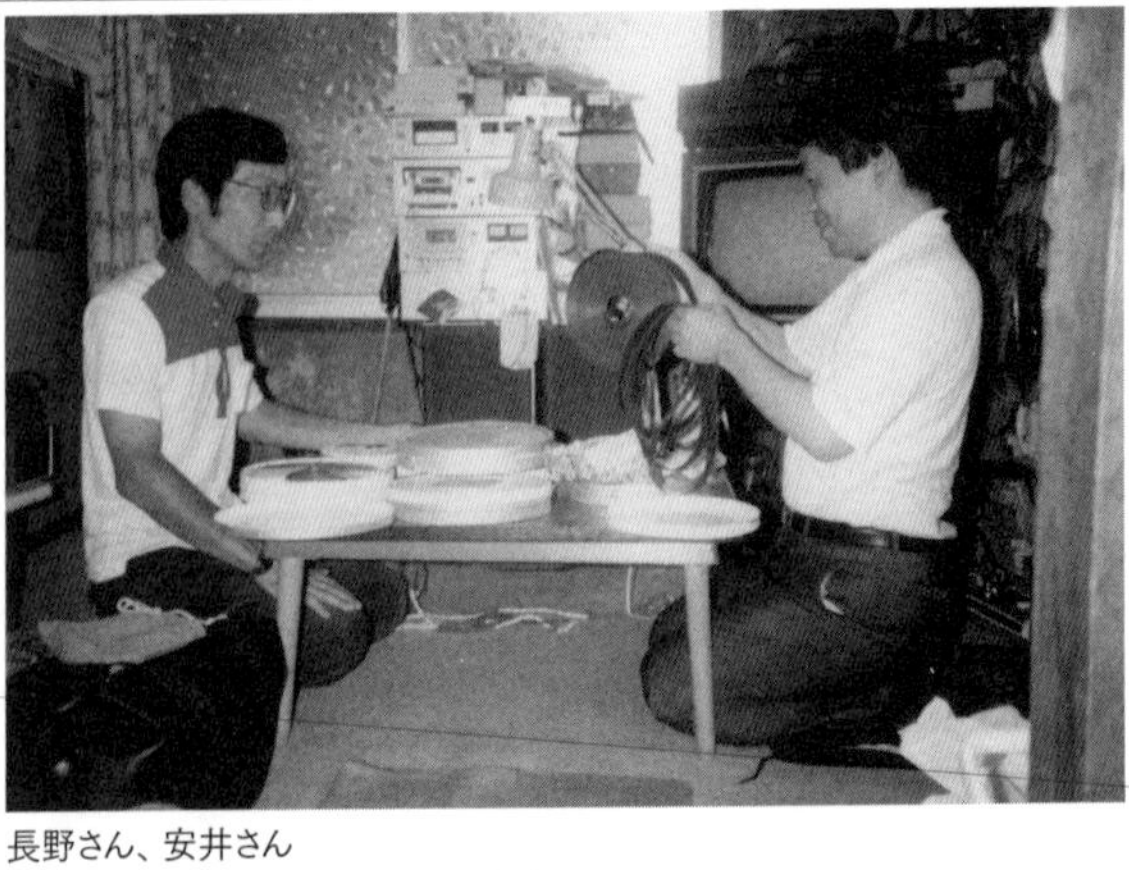

長野さん、安井さん
フィルムを缶から取り出してチェックする

たのは一九五〇年代末から六〇年代初めにかけての小林旭主演の日活映画「渡り鳥」シリーズや東映のチャンバラ映画だったという。

「8ミリをやるうち、東映からかな、既製品の音の出る時代劇のフィルムが販売されたのを手に入れた。それがフィルム集めのきっかけなんですが、やがて8ミリでは映像が物足りないとなって、16ミリのフィルムに行ったけれど、高い16は買えなくて、一時中断したんです。それでも16ミリの映像の綺麗なのは忘れられないから、二十四、五歳の頃、もう一度集めてみようか、と。映写機が当時六、七万だったでしょうね。この出費は痛かった。その機械の性能は良かったけれど、重たいし、昔のものだからフィルムが傷むんですよね。だから順々と新しい機械に買い替えて、いまも六、七台持っている。もともと機械が好きやから、オーバーホールも自分でやります」

16ミリのフィルムはどのようにして手に入れたのだろう。

長野さん

「たしか『小型映画』という雑誌で見て、手紙でやりとりしたんです。チャンバラ映画だけど、有名なものじゃなく、独立プロのつくった映画で、『ひょっとこ飛脚』という題名だったと思う。内容は憶えていませんが、トーキーで、音はかなり悪かった。それでも映像が8ミリに比べると綺麗ですから」

あとで調べたら、『ひょっとこ飛脚』は一九四九年の独立プロ作品で、主演は黒川弥太郎。松竹が配給した。

「16ミリは自分の部屋で見る以外に、ボランティアで老人ホームへ慰問に行って上映しています。無料で。自分の持っているフィルムを宝の持ち腐れにしておくのはもったいないから、

『ひょっとこ飛脚』

お年寄りの方に昔の映画を見て喜んでもらえたら、とね。チャンバラ映画で、有名な人が出てるのを持ってゆくんです。市川右太衛門とか片岡千恵蔵とか、中村錦之助とか美空ひばりとか。本当に喜んでくれます」

だから、いまメインに集めているのは一九五〇年代から六〇年代にかけてのものだという。あまり新しいのを持っていっても面白がってもらえない。自分が見て楽しむことの延長で、映画を見せる楽しみが生まれているのである。

「東京とかあちこちに昔からの友だちがいて、その方とフィルムを譲ってもらったり交換したりしています。売ってもらうときの値段はあるようで無い。出ている俳優によっても違って、嵐寛寿郎のものが高いですね。会社でいえば、マニアのあいだで流れているのは東映が多くて、つぎが新東宝。大映や松竹はほとんど出てこない。以前、聞いたのは、16ミリの業者がある程度、使いきって、これはお金にならないから、マニアとか好きな人に売ると。その場合、たとえば東映のマークとかタイトルを切ってしまい、俳優のクレジット以後の部分を売ることがあって、値打ちがない。で、買った人が自分でタイトルを入れたりするんです」

そうやって手を加えたフィルムは多く出回っているという。長野さんが自分の持っている中村錦之助の『風雲児織田信長』で説明してくれる。一九五九年の東映作品で、監督は河野寿一。

「東映マークから三分か五分は綺麗なカラーなんですけれど、途中からパッと全体が赤くなって、また終りの五分ぐらい前からパッと綺麗になる。業者から出るフィルムには頭や終りのほうが傷んでいるから、新しい抜き焼きをくっつけてあるんです。だから、老人ホームで上映するときは、最初にちゃんと、こういうフィルムですよと説明しませんと。題名がない場合、調べればわかるけれど、タイトルのあるものを極力集めるようにしてはいます。そうそう、長谷川一夫の『京洛秘帖』という昭和十三年の映画がうちにあるんですが、調べたらそんな題名の映画はない。京友禅の話で、入江たか子や黒川弥太郎が出てて、監督名が入ってない。タイトルと配役をあとで焼いてくっつけているんじゃないかと思います」

長谷川一夫主演で京友禅が題材の時代劇なら『霧の夜ばなし』にちがいない。入江たか子も黒川弥太郎も出ている。監督は萩原遼。ただし一九四六年（昭和二十一年）の東宝作品である。

ほかにどんな時代劇を持っているのだろうかと尋ねた。

「千恵蔵だと遠山の金さんのシリーズで、『いれずみ判官』を持っていますが、残念なことに部分です。四十五分ぐらいしかない。主なところはあると思って、ずっとコレクションにしてますけどね」

『いれずみ判官』は片岡千恵蔵の当り役となった遠山金四郎ものの第一作で、一九五〇年の東横作品。前後二部作。監督は渡辺邦男。占領下の時代劇だから貴重品である。

「珍しいものでは市川雷蔵のデビュー作を持っているんです。『花の白虎隊』。あちこちから売れ売れと喧しいが、置いてある。ひばりでは『競艶雪之丞変化』。これは新東宝のマークからきちっとあります。ひばりと雷蔵の『お夏清十郎』は、あるところを知っていて、いま交渉中なんです。値段がものすごく高い」

『花の白虎隊』は一九五四年の大映作品で、勝新太郎のデビュー作でもあり、監督は田坂勝彦。『ひばりの三役　競艶雪之丞変化』は五七年の新東宝作品で、監督は渡辺邦男。『歌ごよみ　お夏清十郎』は五四年の作品で、監督は冬島泰三。製作したのはひばりの会社新芸術プロ。

さきほどから挙がっている題名を見れば、長野さんがこれまで触れてきたコレクター諸氏より若い世代であることがよくわかる。ほかにもいろいろ持っていたが、手放した。長野さんはそれを「出した」という。

「大川橋蔵のデビュー作とかひばりと共演したものとか持っていたんですが、みんな出してしまった。やっぱりおカネの問題がありますからね。あれが欲しいけど、資金繰りで買えないから、これは惜しいけど出そうかと交換したりする。高田浩吉の『伝七捕物帖』なんかも残念ながら交換で出した。松竹のあのシリーズは老人ホームで受けるんですよ。伴淳三郎が出てるし、歌もあるから」

『花の白虎隊』

『伝七捕物帖』は一九五〇年代後半の人気シリーズで、六〇年代に東映で続いた。

ところで、交換や売り買いのとき、話と違うものを手に入れたことはないのだろうか。

「一本だけあります。大友柳太朗の『怪傑黒頭巾』だというので買って見たら、別のものがあちらこちらに混じっていた。『怪傑まぼろし頭巾』です。これが八割ほどで、二割が『怪傑黒頭巾』。ただね、わたしの性分としては、いったん先方から買ったフィルムに対して文句を言ったことは一度もないんです。でないと、つぎから世話してくれませんから。先方としても知らずにしたことかもしれないし」

『怪傑黒頭巾』は一九五三年〜六〇年に九本も続いた東映の人気シリーズで、五四年に同じ大友柳太朗主演の『怪傑まぼろし頭巾』があった。話も似たようなものだから、たしかに紛らわしい。

「おカネを送ったけどフィルムは送ってこなかったとか、デタラメなやつを送ってきたとか、話はいろいろ聞きます。やっぱり怖いから注意して、わたしはほんとに信用の置ける方と交換や売り買いをしている。それと、見たいから貸してくれと言われても、送ったりしません。戻ってこないのに、向こうは送り返したと言うかもしれない。昭和四十年代の後半ぐらいかな、16ミリをみんなが集めて全盛の頃には、かなり騙したり騙されたりをしたみたいです。それ以後は、そういうことは少なくなったでしょう」

16ミリのフィルムが出回らなくなったのだろうか。

「いや、ビデオの普及ですよ。ビデオテープだったら、完全なものが九千八百円か一万円かでありますよね。だから、映画を本当に好きでない者はビデオテープに走った。われわれみたいに、機械が好き、フィルムが好きで、その魅力に取り憑かれている者が、いまだに残っているような感じですね」

ビデオに走った人が持っていたフィルムはどうなったのだろう。

「結局そのままでしょうね。わたしは手紙をもらったり、フィルムを交換したりした人のリストを持っていて、暑中見舞いや年賀状を出すんですけど、返事が来なくなった。ハガキが戻ってこないから、届いてはいる。その方が亡くなっているとしたら、フィルムはゴミになりますよ。奥さんがゴミとして処分する。うちの場合は、家で試写していたら、ときどきちょっと見てますが、あまり興味がないみたい。もう諦めてるんでしょう。まあ、自由業みたいなもんだから、何とかなるけれど、サラリーマンだと、やれませんよ。わたしは魚釣りが好きですが、酒は飲まない」

モノとしてのフィルムの行方がやはり気になる。

「何年か前、徳島の人が何百本も35ミリのフィルムを河原で焼いたという話を聞きました。可燃性だから消防法の関係で。フィルムはだんだん自然消滅していきますね。わたしは生きているあいだは、ずっとやっていくつもりですけど」

長野さんの言葉は、危機感とともに頼もしい決意に満ちていた。

綺麗なシーンだけをコレクションに

長野さんに知り合いのコレクターを紹介してほしいと伝えておいたところ、数人の名前を手紙で教えてくれた。

北海道江別市の人がそのひとりにいて、ぜひ取材するといいと長野さんから勧められていた。だが、遠いから無理かなと思っていたら、札幌の友人、浜田正春さんから電話があり、映画の上映会で話をしてくれという。事情を説明し、江別はどれほど離れているのかと訊くと、いや、札幌の隣だから、車で案内しますよ、と。

さっぽろ映画祭というのが一九八二年から始まり、わたしは八三年と八七年にゲストとして参加し、浜田さんと知り合った。彼は映画祭実行委員会のメンバーで、東京にくるたびに会うようになった。ただ、映画祭は八八年から九四年まで中断し、その間、彼は少数の仲間と小さな上映会を催し、わたしが呼ばれたのである。

本間辰太郎さんが江別市のコレクターで、早速、手紙を書いて送った。長野さんから紹介されたことから始め、自己紹介、取材の目的、札幌へ行く日程など、かなりの長文になる。数日後、返事が届き、お話しするようなものを持ち合わせていないので、と、来訪を丁寧にやんわり断わられる。札幌行きは決定済みなので、強引かと思ったが、本間さんに電話をして再交渉し、了解を得る。

一九九二年三月、札幌で上映会とトークを済ませたあと、酒席で、浜田さんにフィルムコレクター歴訪の話をすると、熱烈映画ファンの彼は大いに興味を示した。そこで、翌日、彼の車で江別市へ向かったが、札幌の隣といっても、北海道は広く、えんえん走り、家がまばらに並ぶ道で番地目当てに本間家を捜す。見つからない。とある家の前にいた人に、本間さんの名前を告げると、ああ、三軒先ですわ、と。ホッとするが、家と家の間隔が途方もないほど広い。浜田さんはまったく意に介さず、淡々と車を走らせ、本間家へ無事到着した。

本間さんは一九二一年生まれ。元は酪農に従事していたが、いまは農業を細々と続けており、それも近くやめるつもりでいる。息子さんは別の職業とのこと。

映画は小学一年生くらいから好きになった。

「祖母が映画好きで、連れていってくれたんです。映画館だけでなく、祭りとかの行事のとき、広場に映画館が出張映写に来た。昔は電気を使わず、映写機は手で回し、電球ではなくカーバイトを燃やしてアセチレンですよ。アセチレンが危険だし、フィルムは可燃性だし、傍に消防の人や警察官が付いている。で、弁士が解説し、楽団が演奏する。いまからすると考えられないような形で、わたしは映画を見てたんですね」

わたしの映画体験も祭りのとき野外で見たことから始まるが、アセチレン、手回しという話にはびっくりした。

「それから、十七歳から二十二、三歳の頃、近くの映画館の旦那と親戚のように親しくなって、好きな映画が掛かっていたら、毎日のように同じ映画を見に行きました。自分の仕事はほどほどにして、すぐ自転車で走って。他人が見たら頭に来ているんじゃないかと思ったでしょうけど、何回見ても飽きないところがあるんです。映画館の娘に会いに行くようなことを言う人もいましたよ」

本間さんは大笑いしながら、でも、そうじゃない、目的は映画です、と真面目な表情で念を押した。

「杉狂児のものとかが好きで、あちらのものではハロルド・ロイドがキートンやチャップリンより好きなんです。あんまり優秀な映画は見てないんですよ。『長屋紳士録』とかは見ましたけど、面白いとは思わなかった。少しあとに見た『東京物語』も。チャンバラ映画でいえば、本当のチャンバラじゃなく、『エノケンの法界坊』とか『エノケンのちゃっきり金太』とか、ふざけたものが好きなんです。」

『長屋紳士録』と『東京物語』の監督は小津安二郎で、前者は一九四七年の、後者は五三年の、どちらも松竹作品。『エノケンのちゃっきり金太』の監督は山本嘉次郎、『エノケンの法界坊』の監督は斎藤寅次郎、主演は榎本健一で、前者は三七年の東宝の前身ＰＣＬの作品、後者は三八年の東宝作品。

「昭和二十年代、三十歳前後の頃は、手持ちのフィルムで巡回上映して歩いたことがあります。16ミリです。本業の収入が少ないときで、あの頃、いちばん映画に熱心でしたね。お客さんの希望もあって、手持ちのフィルムがないときは札幌から借りてくる。借りたものを上映するときは忙しくて、一日に五回くらい会場を移して回ったこともあります。当時はテレビもなかったから、かなり評判が良かった」

どんな映画を上映したのだろう。

「三益愛子の『母月夜』とか、お涙頂戴の〝母もの〟ですね。娘役は白鳥みづえ。美空ひばりの『おどろき一家』もあった。内容はホームドラマだけれど、花菱アチャコとかが出てる喜劇です。全部、自分の好みのものばかりですよ」

『母月夜』の監督は佐伯幸三、一九五一年の大映作品で、この前後、三益愛子主演の〝母もの〟は大映のドル箱だった。『おどろき一家』の監督は斎藤寅次郎、主演は入江たか子で、東映の前身太泉映画の四九年の作品。なるほど、本間さんの好みがよくわかる。

「フィルムは、子どもの頃、東京の浅草にオモチャのフィルムを売っている会社がありましてね。そこの目録にタイトルと値段が書いてある。それを買ううち、目録の仲間同士の欄を通じて、遠くの人とも手紙のやりとりをし、フィルムもやりとりするようになったんです。そのあとは雑誌『小型映画』の読者欄を見て、フィルムを交換したり、愛媛県の長野さんとも知り合いになって、別の人を紹介してもらったり」

本間さんはかつて映写機をいろいろ持っていたという。

「映写機が好きなんですよ。機械、メカが。祖母におんぶされていた頃から、機械の傍から離れなかった。祭りのときの巡回上映では、映写機の傍に千切れたフィルムがたくさん落ちていて、それを拾って集めたもんです。でね、機械が好きだから、昭和三十年代には、テレビ屋になっちゃった。この地区には三百戸くらいが点々とありますが、何の資格も免許も持たず、各家庭のテレビが調子よく動くように見て回った。最初はテレビを自分で組み立てたんです。部品を買ってきて」

現在、どんなフィルムを所蔵しているのか訊いてみた。すると、16ミリのフィルム缶を見せて、このなかに自分の好きなシーンがたくさん入っているんです、と。一瞬、意味がわからず聞き返すと、自分なりの名場面集を編集したものとのこと。

「小話がたくさん入っている映画が好きなんです。映画には、中心人物が最初から終りまで一貫しているのと、そうでなくて、いろんな要素がとぎれとぎれに集めてあるのとがありますね。あとのほうが面白いものがたくさん入ってる。それと、できるだけ若い人が出ているのが好い。ここには、そういうものばかりが集めてあって、あとは捨てちゃいました。題名はないし、他人が見たら何もわからない。大事なところだけ切り取って繋ぎ合わせて、残りは穴掘って埋めたり、燃やしたりしました」

聞いてわたしは呆気にとられた。本間さんの口ぶりが淡々としているだけに、無重力空間に紛れ込んだみたいになったあと、ああ、こういうフィルムコレクターもありか、と思い直す。そして、好きなシーンとはどういうものかを訊いてみる。

「綺麗なシーンですね。綺麗なものばっかりを捜してる。たとえばどんな表情で笑っているかですね。笑い方が拙いと面白くない。ここには、橋幸夫と倍賞千恵子の出る『月夜の渡り鳥』が入ってますが、デビューして数年の橋幸夫が素晴らしい。歌がたくさん出てくるのが好い。綺麗なら映画でなくてもいいんですよね。文章であっても、絵や写真であっても。映画の場合、苦しみとか悲しみとかがあって、楽しいところや美しいものが引き立つんだろうと思うから、綺麗なシーンのために余分な部分も入ってます」

独特の基準が厳然とあることを納得する。『月夜の渡り鳥』は一九六三年の松竹映画で、原作は長谷川伸の『瞼の母』。

「郷ひろみが好きなんですよ。『さらば夏の光よ』もここに入ってます。若い人の映画が好きなんですが、青春ものならなんでもというわけじゃない。郷ひろみはギャグが巧いですからね。石原裕次郎の『乳母車』を持ってましたが、会話ばっかり多くて面白いところが少ないので、ひとにやっちゃった。『伊豆の踊子』はいくつも見ましたが、スターの動きでいうと、吉永小百合の動きが面白いですよ」

なるほど、会話ではなく、ポイントは動きか、と納得を深める。『さらば夏の光よ』は一九七六年の松竹映画で、『乳母車』は五六年、吉永小百合主演の『伊豆の踊子』は六三年の、どちらも日活映画。

「とにかく、古いフィルムのなかの好いところ、たとえば天地真理とかこまどり姉妹のところは綺麗だからと、そこだけ取って、これは最高の宝物だと思ってます」

取材を終えて本間家を去ったあと、案内の浜田さんともども、独特のコレクションのために捨てられた膨大な量のフィルムに思いを馳せた。

作戦を駆使して欲しいものを手に入れる

大雑把に分けるとコレクターには開放型と閉鎖型があって、前者でなければ芋づる式は通用しない。岡部純一さんはオープンな人柄だから、懇意のコレクターを何人も紹介してくれた。

宮国登さんがそのひとりで、一九八八年六月、東京の喫茶店で会った。一九三〇年生まれ。最初に集めたのはやはりオモチャ映画のフィルムだが、事情が恵まれていた。

「うちがオモチャの問屋だったんですよ。東京の下谷で。問屋だから方々からカタログがくるわけで、小学校に上がる頃かな、そのカタログの後ろに映写機とフィルムが載っているのを発見した。そこに『鞍馬天狗』とか『孫悟空』とかのフィルムがあったから、嬉しくてね。親父にねだって正月のお年玉代わりに買ってもらい、手回しの映写機で友だち六人ぐらいと一緒に見た。35ミリで一本が50呎。オモチャ屋は浅草橋に固まっているんですね、昔から。親父がそこへ行くとき、ついでにフィルムを買ってきてくれと頼んで、親父が帰ってくるのを楽しみに待ってました」

断片ということもあり『鞍馬天狗』と『孫悟空』はその題名しか記憶にないが、少しあとの映画体験は鮮明に憶えている。

「小学三年のとき、映画館で『樋口一葉』を見たんです。雨がざーっ

宮国登さん、岡部さん

と降っているシーンとかを憶えているくらい、最後まで夢中で見て、それから映画ファンに。下谷から浅草まで歩いて行ける金美館チェーンの映画館で、『忠臣蔵』や『熱砂の誓い』や『撃滅の歌』をつぎつぎ見ましたよ。お腹が空いてるのを我慢して」

『樋口一葉』は一九三九年の東宝作品で、主演は山田五十鈴、監督は並木鏡太郎。女心の移ろいを繊細に描くもので、子ども向きではないが、ませていたのか。『忠臣蔵』も同年の東宝作品で、大河内傳次郎、長谷川一夫、原節子などの出演するオールスター大作で、監督は前篇が滝沢英輔、後篇が山本嘉次郎。『熱砂の誓い』は四〇年の東宝作品で、主演は長谷川一夫、李香蘭、監督は渡辺邦男。『撃滅の歌』は松竹作品で、高峰三枝子、轟夕起子、月丘夢路を主演とする音楽ものだが、主題歌『米英撃滅の歌』のPRを兼ねた戦意昂揚映画で、太平洋戦争末期の四五年三月に公開された。

「おふくろがとっても映画好きで、『キネマ旬報』を一緒に見たりしたから、ぼくは子どもの頃からラモン・ナバロとかの名前を知っていましたね。小学校に入ったら自分でおカネを払って映画を見に行ったけれど、怒られたことってなかった。戦争中、新井薬師日活で『続清水港』というのを見たんですよ。明くる日、そこが爆弾で焼けちゃった。ああ、見といて良かったと思ってね」

『続清水港』は一九四〇年の日活作品で、主演は片岡千恵蔵、轟夕起子、監督はマキノ正博。

東京大空襲は四五年のことだから、その頃の記憶であろう。

「それから戦後になって、渋谷の古道具屋で九ミリ半のフィルムと映写機を発見したんです。戦争中は途切れていたフィルム集めがまた始まった。九ミリ半だったら手に入る値段なんですよ。輸入した伴野商会というのを調べたら、九ミリ半の生フィルムも輸入しているとわかって、カメラも買って撮影したりしました」

根っからの映画好きである宮国さんは、大学でデザインを学んだあと、映画会社に就職し、テレビドラマの美術デザイナーになった。そこからフィルム集めが新段階に入る。

「九ミリ半のあと、8ミリに移ったんです。東映で8ミリのフィルムと映写機をレギュラーで出していたのを知っていますか。好きなエノケンの『親馬鹿子守唄』や『けちんぼ長者』の8ミリをそれで買った。短縮版じゃなくノーカット版です」

あとで調べたら、東映は一九七三年、「フジフィルム・東映8ミリ映画劇場」の発売を始めている。わたしはまったく知らなかった。そういえば、長野徹さんの話にも東映の8ミリのことが出てきた。榎本健一主演の『親馬鹿子守唄』も『東映家庭劇シリーズ　けちんぼ長者』も五五年の東映作品で、監督はどちらも斎藤寅次郎。ビデオがまだない時代に自社作品の8ミリ版を売ったわけで、高倉健主演『網走番外地』や藤純子主演『緋牡丹博徒』などの人気作品もラインアップに入っている。

宮国さんはさらに16ミリへ向かう。

「ひょんなことから、ジャンク寸前の貸し出し用の16ミリを見つけたんです。どうしても欲しくて、持ち主に言ったんですよ。16ミリの古い映写機を手に入れたんだけど、フィルムがないので、一本か二本、譲ってくれないか、と。そうやって最初に買った16ミリが『海賊奉行』。ぼろぼろのやつだけど五百円。映写機は持ってなかったんだけど、フィルムが欲しかったから嘘をついてね。嬉しかったですよ」

『海賊奉行』は一九五七年の東映作品で、片岡千恵蔵主演「遠山の金さん」シリーズの一本。宮国さんの目当ては、この映画というより、あくまで16ミリのフィルムだったのであろう。

「ずっとフィルムを持ってただけです。映写機は高いだろうと思ってね。そのうち、『小型映画』という雑誌に大橋正英さんのインタビューが載っていた。あの人は毎月、フィルムを売るって広告していたから、埼玉県へ会いに行ったんです。『歌うエノケン捕物帖』があったんだけど、欲しいと言うと、高くなる、大橋さんの場合は。給料の何倍かで、とても手が出せない。ぼくとしては、好きなエノケンのフィルムがあるとは思わなかったので、あるだけで嬉しかった。そのとき、たしか『夕日と拳銃』もあったんです。でね、作戦を考えて、二回目に行ったとき、『夕日と拳銃』の値段を聞いて、有名なシャシンだから高かったんだけど、いや、それじゃ買えない、もう少し負けてくれと交渉し、あれこれやって、『歌うエノケン捕物帖』を少し安く買った。それが狙いだったわけでね。だけど、映写機がまだ買えないんですよ」

『歌うエノケン捕物帖』は一九四九年の新東宝作品で、監督は渡辺邦男。『夕日と拳銃』は五六年の東映作品で、満洲を舞台にした活劇。主演は東千代之介、監督は佐伯清。

「大橋さんのところで機材貸し出し業者のカタログを見たら、アジア商会というのが都内の虎ノ門にあったんですよ。そこへ行って、フィルムはありませんか、と。16ミリの映写機を買ったんだけど、フィルムがないんだ、とまた嘘をついた。すると、フィルムはないけど、機械は余ってる、と。俺、機械はあるんだけどなあ、と言いながら値段を訊いて、値切って、やっと16ミリの映写機を買った。『海賊奉行』を見ましたよ。16ミリはプロの使うものですからね、これで一人前になったと思いました」

宮国さんの話でも、大橋正英という人がフィルムの売り買いに重点を置くコレクターであることがわかる。

「ぼくは日活のオールスター『忠臣蔵』を戦争中、神田の映画館で見て、大好きだった。ある日、大橋さんのところへ行ったら、台帳に『忠臣蔵』とあって、サイレントの『忠臣蔵』かなと訊いたら、昭和十三年の日活オールスターのトーキーなんですよ。あれが16ミリであるとは思っていなかったので、高くて買えなかったけど、あるというだけで嬉しかった。その後、やっと入手しましたけどね」

宮国さんは外国映画にも好きなものが多数あるという。

「日東映画といったかな、16ミリの貸し出し会社のカタログで『大いなる幻影』を見つけて、築地の会社へ行って交渉したんです。高くて手が出ない。業者は新たにフィルムを焼くとき、二本焼くんですよね。で、十日後ぐらいにまた行ったら、ロッカーの上に二本載っていた。値段を訊いて、これはまだ負けるなと思って、数日後に電話で交渉し、安く手に入れました。これ、新品ですよ。家で映写機に掛けたら、日本語の吹き替えじゃないかと不安だったんだけど、スーパーが横に出る。嬉しくてねえ」

『大いなる幻影』は一九三七年のフランス映画で、監督はジャン・ルノワール。名作として世界的に知られ、日本では四九年に公開された。

「ぼくは大学時代に、浅草のグランド劇場で宣伝のアルバイトをやっていて、そこで『大いなる幻影』を見たんです。昭和二十六年頃かな。映画館に勤めていると、パスがあって、ほかの映画館にも無料で入ることができる。だから、その頃のアメリカ映画やフランス映画を片っ端から見ましたね」

それにしても、宮国さんがこまめに足を運ぶことには感心させられる。

「貸し出し業者へ行くと、ほかの業者を教えてもらうんです。あそこへ行くと、こういうのがあるよ、と。新宿の百人町に戦前からの会社があると聞いて、そこへ行き、例によって、16

ミリの機械を買ったんだけどフィルムがない、と。昼間から赤い顔をしてる酒好きのお爺さんが、いまは売るもんがないけど、何か戦争中のやつがあったな、と言う。何だと訊いたら、『野戦軍楽隊』と前進座の『宮本武蔵』が厚生省かどこかの倉庫にあって、そこの一角は俺のものだ、と。高く売るための嘘ですよ。何度かウイスキーを持って世間話をしに行き、いつ倉庫から持ってきますか、とやって、二本とも買った。もう亡くなりましたね、その爺さん」

『野戦軍楽隊』は一九四四年の松竹作品で、佐分利信、上原謙、佐野周二、李香蘭らの出演による音楽群像劇。監督はマキノ正博。『宮本武蔵』は四四年の松竹作品で、河原崎長一郎ら前進座の一党と田中絹代が出演する。監督は溝口健二。

「業者の情報は電話帳でも得られます。映画製作とか配給とかのページを破って、つねに持って歩くんです。今日は暇があるなとなったら、その住所を訪ねる。で、行ったら何か買う。そうやって顔を通しておかないとね。だから、じつは要らないんだけれど、買った三流映画もあります。もう潰れちゃったけれど、四谷に十六

『野戦軍楽隊』

ミリ映画社という貸し出し会社があって、二本ある同じ映画のフィルムの悪いほうを譲ってくれる。小津安二郎の『秋日和』をそこで買いましたよ。カラーのやつ。車で帰る途中、渋滞に巻き込まれ、フィルムを見たくてね、渋滞のたびに広げて、うちに着いたら車の中がフィルムだらけで、車から出られない！」

『秋日和』は一九六〇年の松竹作品で、原節子、司葉子、岡田茉莉子らの出演する小津安二郎晩年の傑作。そのフィルムが車中に溢れた光景の、切実で、可笑しいこと。

「フィルムを集めるには神経を使わないとね。ぼくは骨董市にも毎月行きます。でね、たまに夢を見る。フィルムと映写機が夜店に並んでいるんです。渋谷の恋文横町みたいなところの店の棚に並んでる。あ、これは夢だ、と思うと、やっぱり夢なんで、ガクッとなっちゃって、馬鹿みたい」

思わず一緒に笑いつつ、これぞフィルムコレクター、と感嘆する。しかし、その情熱はどこからくるのか、とあらためて思う。

「本と同じですよ。本だったら、いつでも出して見られる。まだDVDがない頃、人に訊かれたとき、そう答えた。見たい映画を好きなときに見られるから、フィルムを集めている。それだけです。高いけれど、やっぱり欲しいものは欲しい」

宮国さんは五十本ほど16ミリを所蔵しているが、売ることはあまりないという。

「好きなものだけを集めていますからね。嫌いなものは集めない。三流映画だって、それなりに面白い。つまらない映画でも好きなものはいろいろある。狙いをつけて一本一本集めてきたんですよ。人に見せるかどうかでいえば、コレクターは見せたい半分、見せたくない半分でしょうが、ぼくの場合は、たくさんの人に見てもらったほうがいいと思ってる。見て喜んでくれれば、それで好い」

やはり開放型のコレクターなのである。

売り払ったフィルムはマニキュアや靴墨に

岡部さんが墓地販売を手掛けていたことは前に記したが、一九九〇年八月、横浜のその事務所で『突貫小僧』9・5ミリ版を譲ってもらったコレクターに会わせてくれた。宮国さんと同様、渋谷のジュネス企画で知り合ったという。

藤田隆一さん、一九一八年生まれ。悠然とした物腰の紳士で、いかにも元大学関係者らしい。

「子どもの頃、親に連れられ東京・上野の松坂屋へ行ったとき、親父の機嫌が良かったんでしょうね、オモチャ映画の映写機を買ってくれた。わたしは中学一年。そのとき、試しに見るために大河内傳次郎の『荒木又右衛門』がついていた。35ミリのフィルムが三十呎で九十銭。電車が一区五銭の頃だから、そんなに安いものではない。それが最初に買ったフィルムで、昭和六年です」

大河内傳次郎主演『荒木又右衛門』はその一九三一年の日活作品で、監督は辻吉朗。スター共演の超大作だから、人気があり、すぐオモチャ用に売り出されたのか。

「小遣いを貯めてはオモチャ映画のフィルムをいろいろ買いました。澤田清とか市川右太衛門とか、林長二郎とか河部五郎とか、時代劇の断片です。9・5ミリというのを知らなかったんです、わたし。昭和十四、五年の頃、九段の中村パテー商会という会社に『血煙荒神山』のスチールが貼ってあったから、何だろうと思い、入って訊いてみたら、ちっちゃな缶を出された。9・5ミリ版ですよ。そこはフランスのパテ・ベビーの特約店でね。やっぱり安いものじゃなかったけれど、中古の映写機と一緒に、大河内傳次郎と河部五郎の『照る日くもる日』なんかを買ってもらいました」

『血煙荒神山』は一九二九年の日活作品で、主演は大河内傳次郎、監督は辻吉朗。『照る日くもる日』は二六、七年に日活が製作した五部作の大長篇で、デビュー二年目の大河内傳次郎はその間、『忠次旅日記』に主演する。

『荒木又右衛門』

「9・5ミリの多くは手放しちゃった。そのなかには良いのがあって、すぐ思い出すのは押本七之輔という監督の『浄魂』。最初、橋が俯瞰で映し出され、市川右太衛門がとぼとぼ歩いてきて、川の流れを見ている。字幕が〝当てのない金策の帰り道〟と出る。で、途中は忘れたけれど、最後は大捕物になり、女が自分のために捕われの身になった右太衛門に〝許してください、春之丞様〟と。どういうわけか、そこは憶えてるんです」

女の台詞を声色で嬉しそうに言い、大笑いした。

市川右太衛門は一九二七年、弱冠二十歳のとき、マキノプロから独立し市川右太衛門プロを立ち上げた。『浄魂』はその第一作。貴重な作品で、完全版は現存しない。

藤田さんは戦争中、戦車兵として中国各地を転戦し、一九四六年五月に帰国するが、その直前、日本軍が倉庫一杯のフィルムを河原で燃やす話を聞いたという。

そして戦後、フィルム集めは新たな段階に入る。

「16ミリのことは知っていたが、手に取ったことはなかったんです。闇市で16ミリの映写機を見つけ、欲しくてしょうがない。うちにあった何かを売って買いました。フィルムはそのあと、なぜか神田の眼鏡屋で手に入れた。阪妻の『月の出の決闘』。それが初めて買った16ミリのフィルムです。映写機に掛けてみたら、阪妻がだみ声でね。16ミリは田舎の質屋にあったりしますよね。巡業上映屋がカネに困って、そこの土地の質屋でフィルムを形に汽車賃を借りる。

で、そのまま取りにこない。それで林長二郎の『槍の権三』を質屋で手に入れました。とっくに手放したけれど」

『月の出の決闘』は一九四七年の大映作品で、占領下のチャンバラのない時代劇として知られる。主演は阪東妻三郎、監督は丸根賛太郎。林長二郎主演の『槍の権三』は二九年の松竹作品で、サイレント末期の時代劇。

「田舎というと、戦争直後、こんなことがありました。東京駅の東北線のホームで汽車を待っていたら、並んでいる列の何人か前に16ミリを抱えている人がいたんです。おや、同じような趣味の人がいると思って、自分の場所を取っておいてもらい、その人のところへ行き、失礼ですが、16ミリのフィルムじゃないですかと訊いたら、そうです、と。わたしも好きでやってるんですよ、それは何ですか。右太衛門の『天狗飛脚』です、と。その人は茨城県の古河へ帰り、わたしはその先の田舎へ米を貰いに行くところだったんですが、知り合いに

『月の出の決闘』

なって、古河の家まで訪ねていったこともあります」

いかにも同好の士らしい話といえよう。『天狗飛脚』は一九四九年の大映作品で、主演は市川右太衛門、監督は丸根賛太郎。

藤田さんの話は戦前に戻る。

「16ミリの前に、戦前、35ミリを手に入れていたんです。飛行機や機関車の模型を売ってる店のウインドウに、フィルムが上から下まで引っ張って止めてある。35ミリのフィルムで、時代劇やチャップリンのもの。店に入って、これは売るんですかと訊いたら、それは切れっ端だけれど、こんなものがある、と。見せられたのが、劇場用映画の十巻ものの三巻目とか。そういう大きなフィルムは初めて手にするもんだから、何という映画だったか、一巻だけだったけれど買いました。それから、その店で安いものをいろいろ買ったんです。千恵蔵の『愛染地獄』なんか、頭と尻尾がなくて、第二篇だけ。ただ最初に第一篇のチャンバラ場面はそっくり入っている。昭和十年か十一年です」

片岡千恵蔵主演の『愛染地獄』は日活の三部作で、一九二九年の第一篇と第二篇、三〇年の第三篇から成る。監督は清瀬英次郎。

「35ミリのフィルムは、映画館で上映してぼろぼろになったら、映画会社が廃棄処分にしますよね。十巻ものだと、奇数と偶数の巻は別々のジャンク業者に出すんですが、その両方を一緒にして売る人もいるらしい。そういうのを買わないかと言われたとき、羅門光三郎の『風雲青葉城』がありましたよ。小さく巻いたフィルムが七つか八つあり、ちゃんと全巻揃ってる。むろん35ミリです」

羅門光三郎主演『風雲青葉城』は一九三一年の東亜キネマ作品で、監督は橋本松男。

藤田さんは戦前、ほかにも35ミリのフィルムを数多く持っていた。たとえば、と列挙された何本かを、題名、年度と会社、主演、監督の順に記す。『異人娘と武士』二五年の阪妻プロ作品、阪東妻三郎、井上金太郎。『崇禅寺馬場』二八年のマキノプロ作品、南光明とマキノ智子、マキノ正博。『め組の喧嘩』二九年のマキノプロ作品、谷崎十郎、押本七之輔。『怪談累ケ淵』三〇年のマキノプロ作品、沢村国太郎とマキノ智子、二川文太郎。いずれも貴重なものである。

「復員してきて何にもおカネがないとき、全部売っちゃったんです。マニキュアか靴墨になった。35ミリのフィルムに塗ってある銀はそれだけ取って再生して使い、ベースのセルロイドのほうは溶かしてマニキュアか靴墨にする。終戦直後はそうだったんです。再生屋というのがいて、うちにフィルムがあるとわかって買いにくる。マキノの『首の座』も業者に売っちゃいました」

これは聞いて唖然となった。『首の座』は一九二九年のマキノプロ作品で、主演は河津清三郎、監督はマキノ正博。あの日本映画史上に名高い作品が溶けて無くなったとは！

「そうでなくても、35ミリは燃えるフィルムですからね。火事になりかけたことがあります。庭の物置小屋で物を動かしているとき、あとで降ろさなきゃいけないなと思いながら、上のほうに35ミリを何気なく載せて、忘れて小屋を閉めちゃった。そしたら、八月の二十日頃ですよ、三十五度か六度になったとき、トタン屋根のすぐ下に置いた35ミリのフィルムが自然発火でドカン、と。わたしは留守のときで、家内と娘が夢中になって水で消火したあと、消防自動車が来た。すごい煙が上がったから、電話をしてくれた人がいたんです。それから35ミリは止めました。燃えるフィルムはもう持っていません」

いま所有しているのは16ミリが中心で、それもめったに見ないという。

「見るのはビデオでいいんです。本と同じで、読むのは文庫本にする。フィルムは持っているだけでいい。見たいと思ったときに、いつでも手に取ることができるから。知り合いに、フィルムが好きで、フィルムを抱いて寝るという人がいました。奥さんはメシ喰うから貰わないと言って。『忠次旅日記』があると聞いてハワイへ捜しに行き、狐につままれたみたいに帰ってきた人もいましたね」

藤田さんはそう言って大笑いした。興味深い話がつぎつぎ進むので、肝心の『突貫小僧』について聞くのをすっかり忘れたままになった。

映画のなかに入ったフィルムコレクター

取材を重ねるなか、大橋正英という名前は何度も聞いた。しかも、普通のフィルムコレクターではない、と誰もが言う。当然、興味が募り、岡部純一さんの紹介で会えることになり、一九九〇年五月、埼玉県毛呂のお宅を訪ねた。

大橋さんは一九二二年生まれ。話は映画との出会いから始まった。

「六歳か七歳ぐらいのとき、活動写真というものを初めて見たんです。農家の広い庭に白い幕を張って上映する。福島県の裏磐梯の村で、電気の入った家は少なく、ほとんどがランプ生活。映画館なんかありません。そこに月一回か、ふた月に一回、活動写真が巡業でくる。活弁付きの無声映画です。で、終ったら、すぐチャンバラごっこ。これが楽しみでね。いっぺん画面のなかでチャンバラをしてみたいと思い、そこから芸能ということが頭にこびりつきました」

その想いが昂じ、尋常小学校を卒業するや、東京へ出た。

「映画に行きたかったけれど、方法がないんですよ。いろいろ苦労するうち、伏見直江と信子の父親、伏見三郎の劇団に弟子入りしました。この人は本当のチャンバラをやる。舞台を暗転にして、刃はないんですけど本身を使うから、刀と刀がぶつかると、パチパチと火花が飛んで、みごとなんです。丹下左膳の芝居にわたしが捕り方の役で出たとき、本身は重いし、丹下左膳は左手だから、立ち回りがうまく合わず、傷を拵えたことがあります。捕り方の役だって、なかなか出してもらえたものじゃなかったんです。立ち回りが合わなきゃダメだし、お風呂で先生の背中を流したり、いろんなことをして。十七、八の頃でしょうか」

伏見直江、伏見信子の姉妹は一九二〇年代末から三〇年代にかけての映画女優で、直江はあの『忠次旅日記』三部作などで妖艶な魅力を発揮した。

大橋さんは伏見三郎劇団を皮切りに、いろんな劇団を転々とし、剣劇だけではなく歌舞伎も喜劇も経験する。そんななか、函館で徴兵検査を受け、甲種合格で、中国戦地へ。軍隊でも演劇をやり、上官には好かれたが、古参兵の受けが悪かったという。

「大東亜戦争に勝つには仏領インドシナ半島を制圧しなければ、との作戦のもと、いまのベトナムですね、あそこで安南独立運動を支援して、フランス軍と闘った。そのとき、フランス軍の謀略だと聞いたんですが、赤痢にやられましてね。脇に沼崎勲が寝ていたんです。戦後に『素晴しき日曜日』に出た東宝の

大橋正英さん

俳優。彼と一緒に、臭くて臭くて、飲んだら食事もできなくなるという特効薬、嘘みたいな話だけど、ナフタリンを粉にして煤と重曹を混ぜたもの、それを我慢して飲み、注射をしてはメシを喰い、体力をつけた。で、昭和二十二年六月、病院船で内地に復員しました」

帰郷したあと、沼崎勲の誘いもあり、東京へ。

フィルムに関わる新しい人生が、そこから始まる。

「沼崎とは池袋で二、三回会いましたか。食糧のない頃で、闇市に行っちゃ物と交換したりして、池袋近辺でふわふわしていたところ、おとなしい立派な紳士が、何か仕事を捜しているのか、と言葉を掛けてくれたんです。〃はい。外地から帰ってきたんですけど、何か仕事を見つけなくちゃいけないんです〃〃じゃあ、きみ、一時わしの家に来ないか〃となって、連れていかれたのが池袋の先の東長崎。家に着いたら、廊下や庭先にフィルムが山積みにしてある。その人は長田猛虎という活動弁士で、占領軍の指令で御法度になったチャンバラ映画のフィルムを集めていたんです。で、〃フィルムを始末する仕事を頼まれてやっているんだけど、きみ、仕事がないなら、手伝ってくれないか〃と」

仕事は集めたフィルムをリヤカーで運んで、溶液に漬け、表面の絵柄を剝がし、再生フィルムの原料をつくる。一九四八年頃の話である。

「いま考えると、あらゆる会社の映画がありましたから、もったいなかったなあとつくづく思います。長田さんは何本かどこかに隠しておられたかもしれない。こっちはその日その日、生き延びてゆくだけで、仕事をやれば小遣いも入るし、居候です。世の中はだんだん復活してきて、長田さんは興行の会社をつくり、連鎖劇を始め、わたしが舞台に出ていたことを知っていますから、どうだ、きみ、連鎖劇に出てみないか、と。あれは映画と舞台を組み合わせたものので、お芝居で出来ないところにくると、スクリーンが下がり、画面に合わせて裏で台本を喋る。それに脇役で出たんです」

フィルムの運搬と買い集め、連鎖劇。その両方の仕事をこなすなか、運命がまた大きく転じる。

「連鎖劇で地方を巡業中、埼玉県で、大都映画にいた俳優、都健太郎の劇団と知り合いましてね。うちの劇団に来ないか、ある程度給料も払えるから、と誘われた。長田さんのほうも悪くなかったけれど、こっちの話はもっと好いので、移りました。いまも埼玉に住んでいるのは、それがきっかけです。その劇団で映画の巡回上映もやるうち、自分であちこちからフィルムを集めるようになった。長田さんのところにいたから、フィルムを持っている方の名前をメモしておいたんですよ。映画会社も含め、全国的に」

当時、映画興行は全盛期で、客がどんどん入り、いっぽう、映画会社の支社から上映済みのフィルムが密かに流出したという。

「給料生活だから小遣いが溜まり、それでフィルムを買い集めました。子どもの頃からの夢でしたからね。そうやって、戦後何年かのあいだに、九州から北海道まで、貨車で二台ぶんぐらいのフィルムを集めました。あの当時は、いくらでも集まり、珍しいものがいっぱいあった。青年衣笠貞之助監督の『花咲爺』とか。稲垣浩先生が亡くなる直前、その話をしたら、〃いやあ、きみ、そんな大正年間のシャシンなんかある道理がない〃とおっしゃいましたが、完全版で残っているんです」

『花咲爺』は一九二四年のマキノ映画で、衣笠貞之助の初期作品はほとんど現存しないから、たいへん貴重で、目を瞠った。思わず、手元にあるのですかと訊くと、いや、友人に預けてあり、いつでも見ることができる、との答え。集めたフィルムが、いま、どうなっているかについては、大橋さんのその後の活動に関わっている。

大橋さんは長年、集めたフィルムで巡回上映を仕事にしてきた。名刺の肩書に「東日本社会福祉協力会」「司法・厚生・施設自主映画慰問」とあるのがそれに当たる。

「ボランティアの上映活動は三十七年目です。刑務所、老人ホーム、知的障害児童の施設などで、全部無料。今月は西会津の保険センターで美空ひばりの出た『旗本退屈男　謎の竜神岬』

『花咲爺』

を上映するんで、いまポスターを描いているところです。ニュープリントなんですが、出所を言うと困ったことになる。その前に老人ホームでやったのは鶴田浩二と山本富士子の『湯島の白梅』。これはお年寄りに喜ばれました。『ガメラ』なんかは大映から長年借りています。昔からボランティアをやっているので、特別にね」

『旗本退屈男　謎の竜神岬』は一九六三年の東映作品で、戦前から続いてきた市川右太衛門の「旗本退屈男」シリーズの最終作。『婦系図　湯島の白梅』は五五年の大映作品で、監督は衣笠貞之助。『大怪獣　ガメラ』は六五年の大映作品で、SF特撮活劇「ガメラ」シリーズの第一作。

「巡回上映をやるのは埼玉、群馬が多く、あと栃木、福島です。日程は詰まっていて、土曜日曜はほとんど、それに春休み、夏休み。映写機を持っていき、自分で上映します。あくまでチャリティで、売り上げの何%かは社会福祉に寄付するから、公民館、コミュニティセンター、文化ホールなどが格安で借りられる。栃木のある町の中央公民館は千人ほど入るホールで、使用料は百万するんじゃないでしょうか。わたしの場合はチャリティで、寄付するから、二万数千円で貸してくれる」

大橋さんによれば、主に子ども向けのマンガ映画などを巡回上映し、年に何億も儲けている若い人がいるという。

「五班ぐらいでやっている方がいます。ひとつの班が大ホールで千人集めたとしたら、五班で五千人の動員で、ひとり五百円だとしたら、一日で二百五十万。そんなにうまくいくだろうかと皆さんおっしゃるけれど、不思議なことに、いくんですよ。学校帰りの子どもにビラを渡せば、すぐ宣伝になります。料金は高くとっちゃいけなくて、五、六百円ぐらいで。先日、九州の友だちが電話で言ってきた。四日間で最低一万人動員する目標なんだけど、うまくいくかな、と。島を回るそうで、楽しそうでした」

巡回上映に使うのは16ミリのフィルムだが、たとえば『旗本退屈男　謎の竜神岬』や『婦系図　湯島の白梅』の場合、著作権は製作会社にある。その点について、所蔵フィルムをめぐり日活と交渉した経験を話してくれた。

「日活さんにすれば、わたしなど名もない人間で、そんなフィルムを持っているはずがないと言うわけです。だから、わたしは言いました。これは四十年か五十年前、お宅が製作された品物です。著作権はお宅にある。それがどういう手続きで出たのか、わたしには過去のことでわかりません。でも、巡回上映屋さんがお宅の昔の会社、旧日活から買ったことは事実なんです。それを七人とか八人とかの巡回屋さんの手を経て、現在、もう三十年もわたしが保存して残してあるということは、所有権はわたしにあります、と。これがわたしの言い分です」

長いキャリアの大橋さんだから言えたことであろう。

「巡回上映の総元締が秋田県にいたのですが、少し前に亡くなりました。フィルムの配給元の親父さんで、わたしは見ていないが、地下室に五百巻ぐらいあるそうです。『忠次旅日記』三部作の完全版も。奥さんの実家が山口県で、そこに『浪花女』や『九段の母』があるとか。奥さんに電話したら、一か月ほど前、昔の無声映画のポスターをトラックで一台、ちり紙交換に取られちゃったと言うんで、しまったと思い、東北のその方面を捜したけれど、とっくに処分されていました」

『浪花女』は一九四〇年、女優田中絹代と監督溝口健二がコンビを初めて組んだ傑作として知られ、フィルムの散逸が惜しまれてきた。『雲月の九段の母』は四〇年の東宝作品で、主演は浪曲師天中軒雲月、監督は渡辺邦男。その後、それらのフィルムがどうなったか気になるが、連絡はもう取っていないという。

話題がつぎつぎ移るなか、所蔵フィルムのリストを見せてもらう。「大橋コレクション」とあり、嵐寛寿郎主演『からくり蝶』(一九二九)、大河内傳次郎主演『木曽路の鴉』(三二)、河部五郎主演『清水次郎長』(二八)、日活現代劇『祖国の花嫁』(三八)など、興味深い題名が何十本とごっちゃに並んでいる。これがいまもあるのだろうか。

「いや、もう散り散りばらばらになりました。映写機など機材を含めて、東映の太秦映画村や京都文化博物館などに寄贈したり、若い後継者に譲り渡したり。後継者というのは懇意な友だちで、わたしが使うときには無条件で貸してくれ、そのかわり全部きみたちに譲るから、と。衣笠さんの『花咲爺』もそうです。後継者は幾人かいて、火災にでもなったら怖いですから、フィルムを地方に分散させている」

容易に想像できることだが、散り散りばらばらになったのは寄贈や譲渡によるだけではない。わたしが取材したコレクターの多くが、大橋さんからフィルムを買ったと話し、あの人はフィルムの売り買いを仕事にしていると証言した。

「もう十歳若ければ、自伝を書いたんです。『活動屋一代記』というようなものを。裸一貫から始めて、まあ、ここまで来ましたからね。家を三回建て替えました。いま、〝おお、大活動写真〟という上映会を計画しているんです。自分でポスターをつくりましてね。それを最期にするのが、わたしの夢なんです」

大橋さんのお宅は三階建てのビルで、一階には奥さんが経営する美容室があり、インタビューは二階の居間で行なった。それを終えて辞去するとき、三回目に建てた豪壮な邸をしみじみと眺めた。


岡部純一さんと二〇二〇年七月に会ったときのことは第二章で記したが、大橋さんについてびっくりする話をしてくれた。

大橋さんは巡回上映のとき、軽トラックに映写機やスクリーンを載せ、自分で上映も手掛け、そのさい、入場料の何割かを寄付する約束のもと、場所を安く借り、動員にも協力してもらう。そのあたりは本人の話のとおりなのだが、いったん巡業に出れば、同じことを近隣の何か所かで連続的に行なってゆく。なるほど商売人だなあ、と感嘆するが、その先があって、なんと、映画のなかに入ってしまったのである。

まず大橋さんが時代劇の扮装をして、刀を振り回す姿を興行仲間の旅劇団員に16ミリで撮ってもらい、その映像を阪東妻三郎主演の映画のフィルムに組み入れる。そして、阪妻が大写しになっている元のポスターの顔の部分だけ、大橋さんの顔に入れ替えた独自のポスターをつくり、巡業に持ってゆく。ポスターには「伏見狂次郎主演・阪東妻三郎共演」とある。チャンバラのシーンになるや、活弁が入り、阪妻、危うし、そこへ現われたのは伏見狂次郎、群がる敵をバッタバッタと斬り伏せ、といった具合に展開する。

岡部さんによれば、題材として使われた映画は『天狗の安』。一九五一年の東映作品で、監督は松田定次。やくざの安太郎が、縄張り争いのなか、元の親分に恋人を奪われ人殺しの罪を被せられて闘う、という任侠時代劇。それが「あばれ街道」という題名に変えられている。岡部さんの古い記憶では、上映時間五十八分で、洗い髪の女優が伏見さんの相手役で、濡れ場もあり、見ていて変な感じはせず、面白いものになっていた。要するにまったく別の映画に改造されていたのである。

周知のように、戦後の米軍による占領下では、時代劇づくりに制限があり、チャンバラは禁止されていた。日本は一九五一年九月の講和条約調印を経て五二年四月の発効により独立する。『天狗の安』の封切は五一年八月。まだ占領下ではあり、原版を見ると、阪妻の演じる主人公が刀を抜くシーンは一か所、それも一瞬の短さで、その後、何人もの敵が刀で斬りかかっても素手であしらうか、竹竿を振り回して闘う。

ところが岡部さんの話では、伏見狂次郎が群がる相手を縦横無尽に斬りまくる。大橋さんはわたしのインタビューで、幼い頃、チャンバラごっこに夢中になり、いっぺん画面のなかでチャンバラをしたいと思った、と言っていたが、その夢を叶えたわけである。伏見狂次郎という名前は若き日の師、伏見三郎に由来するのにちがいない。

大橋さんにインタビューをしたのは一九九〇年で、その数年後、岡部さんから大橋さんの訃報を知らされた。コレクターは無数にいるが、フィルムと一体化した人はほかにいるまい。大

『天狗の安』

往生といってよかろう。

＊

岡部さんは、二〇二〇年に会ったときも、その後の電話でも、雑談のなか、現存する何人ものフィルムコレクターのことをあれこれ話してくれた。面白い話ばかりだから、大いに興味をそそられるが、全国に散らばっている各氏に連絡をとり、取材をするには、わたしの体力も時間も追いつかない。

デジタル全盛の時代になっても、フィルムコレクターがまだまだ各地に健在であることに感銘を受けながら、歴訪の旅の報告を終えよう。

『特急三百哩』

第四章

映画はさまざまに蘇る

国立映画アーカイブの特集上映「発掘された映画たち」の最初は東京国立近代美術館フィルムセンターにおける一九九一年の「小宮登美次郎コレクション」で、多数の映画ファンが詰めかけた。フィルムコレクターの存在が広く関心を持たれるようになったのは、あの催し以来ではないだろうか。わたし自身、上映された主に一九一〇年代のヨーロッパ映画の数々に接し、彩色されたフィルムの美しさに魅了されるとともに、これらを個人が集めていたという事実に感嘆した。

すでに記したように、わたしは一九八八年に『突貫小僧』の短縮版に出会い、フィルムコレクターの取材を始めた。「小宮登美次郎コレクション」はその最中の催しだったから、意を強くした。そして、部分的とはいえ『忠次旅日記』が一九九二年に蘇ったことで、すでに無いとされている映画はどこかに在ると確信したのである。

以後、さまざまな形で映画の復活に関わってゆく。

東京国際映画祭「ニッポン・シネマ・クラシック」

映画は一八九五年、フランスのリュミエール兄弟によって発明された。百年目の一九九五年へ向けて、世界各国でいろいろ事業が企画されるなか、日本では「映画生誕百年祭実行委員会」が九三年に発足し、委員長の蓮實重彦さんに誘われて、わたしも参加した。

一九九五年、第八回東京国際映画祭の事務局から、新企画「ニッポン・シネマ・クラシック」の上映プログラムを組んでほしいと依頼され、まさしく映画生誕百年祭実行委員会にふさわしい仕事だと思い、蓮實さんに協力を頼んだうえで快諾した。

作品選定について、二つの方針を立てた。フィルムが存在するのに、めったに見られない映画を上映する。映画の黄金時代であった一九三〇年代のものを上映する。この方針はわたし自身がぜひスクリーンで見たいという欲求に基づくが、それ以上に、日本映画の富の再発見に繋がると確信してのものである。

蓮實さんとの作品選びは楽しく、まずわたしがリストアップした題名群を前に、あれやこれやわいわい話し合ううち、未知の世界を拓くような昂揚を感じたのを、いまも生々しく憶えている。とはいえ、観客がどう思うかは予断を許さない。映画祭の直前まで不安は消えなかったが、幸いにも好評を得た。

上映作品は十五本。年代順に監督名と題名を記せば、一九三二年＝衣笠貞之助の『忠臣蔵』、三三年＝内田吐夢の『警察官』、清水宏の『泣き濡れた春の女よ』、三五年＝成瀬巳喜男の『噂の娘』、三六年＝野淵昶の『大尉の娘』、三七年＝成瀬巳喜男の『女人哀愁』、三八年＝豊田四郎の『泣蟲小僧』、石田民三の『花ちりぬ』、三九年＝萩原遼の『その前夜』、並木鏡太郎の『樋口一葉』、丸根賛太郎の『春秋一刀流』、中川信夫の『新編丹下左膳　隻眼の巻』、四〇年＝マキノ正博の

『続清水港』、四一年＝清水宏の『簪』。以上に、三〇年の内田吐夢の『天国その日帰り』の短縮版が加わる。

とくに評判が好かったのは成瀬巳喜男の『噂の娘』と『女人哀愁』で、この二本は今回の企画の目玉だった。というのは、何十年も上映プリントがどこにもなかったからだが、わたしはすでに素晴らしさに接していた。それには説明が必要であろう。

一九八七年に「キネマ倶楽部」というビデオ販売機構が発足し、東宝、日活、大映、新東宝の作品を、一年に二回、十数本ずつ売り出した（最初はVHSとベータマックスの二種類があったが、やがてVHSだけに）。ビデオには資料カードが添付されており、作品解説を

『噂の娘』

『女人哀愁』

頼まれたわたしは、毎回、執筆のためにサンプルビデオを見た。そのなかに『噂の娘』と『女人哀愁』が含まれていたのである。

上映プリントが存在しないのにビデオがあるのは、どういうことか。わたしはその理由をキネマ倶楽部の担当者から聞いて知っていた。『噂の娘』と『女人哀愁』は東宝にフィルム原版＝オリジナルポジがあるが、それを映写機に掛けると何がしか損傷するから、上映には使えない。映写するには、オリジナルポジからまずデュープネガをつくり、そこからポジフィルム、つまり上映プリントをつくる。ただし、ビデオ化なら、その過程を通さず、オリジナルポジから直接可能だというのである。わたしは「ニッポン・シネマ・クラシック」の企画に参加するとき、それらのことを踏まえて作戦を立てた。

まずオリジナルポジからネガを起こし、ネガから上映プリントを焼く。この二段階にかかる費用をどう獲得するか。東京国際映画祭事務局の担当者に申し出たところ、成瀬二作品は今回の新企画の目玉になるからと、企画は快諾されたから、東京国立近代美術館フィルムセンターの協力を得て、費用は捻出できた。かくして『噂の娘』と『女人哀愁』が蘇ったのである。

さきほどの上映作品のうち、『泣蟲小僧』『花ちりぬ』『その前夜』『樋口一葉』『新編丹下左膳隻眼の巻』『続清水港』も、キネマ倶楽部のラインナップから選んだ。各社に上映プリントが存在しながら、めったに上映されないものだが、わたしはサンプルビデオで見て魅せられていたから、ぜひスクリーンで、と思ったのである。嬉しいことに、これらも多くの観客に喜ばれた。

作品を選ぶとき、映画各社の保有作品を可能なかぎり調べるとともに、公共施設や個人の所蔵リストなどを当たった。そして、上記のうち、『簪』は松竹から、『警察官』『泣き濡れた春の女よ』『大尉の娘』はフィルムセンターから、初トーキーの『忠臣蔵』は安井喜雄さんのプラネット映画資料図書館から借り受けた。『春秋一刀流』は岡部純一さん経由で日活に渡ったものであり、『天国その日帰り』は九ミリ半から起こしたものである。この作業でわたしのフィルム探索心が高まったことはいうまでもない。

翌一九九六年の第九回東京国際映画祭「ニッポン・シネマ・クラシック」でも、同じように一九三〇年代作品の特集を組んだ。

上映作品は十四本。一九三五年＝伊藤大輔の『お六櫛』、清水宏の『東京の英雄』、三六年＝木村荘十二の『兄いもうと』、五所平之助の『朧夜の女』、三七年＝成瀬巳喜男の『雪崩』、渋谷実の『奥様に知らすべからず』、三八年＝豊田四郎の『鶯』、三九年＝石田民三の『むかしの歌』、中川信夫の『エノケンの頑張り戦術』、四〇年＝成瀬巳喜男の『旅役者』。以上に、短縮版として二六年の池田富保の『忠臣蔵』、三〇年の辻吉朗の『右門捕物帖　三番手柄』、三二年の伊丹万作の『国士無双』、早川雪洲と青木鶴子の主演による二三年のエドゥアール＝エミール・ヴィオレのフランス映画『ラ・バタイユ』が加わる。

このうち、成瀬巳喜男の『雪崩』と『旅役者』が、前回同様のやり方で、オリジナルポジからネガを起こし、そこから上映プリントを焼いたものである。どちらもキネマ倶楽部のラインナップに入っておらず、未見だった。前回の成功を踏まえ、冒険をやってみようと思ったのである。それでも気になって公開当時の映画評を調べると、『旅役者』は好感を持たれているが、『雪崩』は悪評紛々ではないか。

蓮實さんにそのことを話すと、やりましょうよ、との返事。わたしに異存はない。そこでプリントづくりを進め、試写室で蓮實さんと一緒に見た。ドキドキしながらの試写が終るや、どう？　という表情で互いの顔色をうかがった瞬間は、いまも忘れられない。好いじゃないですか、と感嘆の声を揃え、そのあと話が弾んだことも。

このときは『奥様に知らすべからず』も松竹の協力でオリジナルネガから蘇った。『兄いもうと』『鶯』『むかしの歌』『エノケンの頑張り戦術』はキネマ倶楽部のラインナップから選び、『朧夜の女』は松竹から、『ラ・バタイユ』はフランスの国立映画センターから、『お六櫛』『東京の英雄』はフィルムセンターから、『忠臣蔵』は京都文化博物館から、『右門捕物帖　三番手柄』『国士無双』はプラネット映画資料図書館から借り受けた。

あらためて思えば、キネマ倶楽部によるビデオ販売は二〇〇一年まで続き、わたしは約七百本の解説を書くことで、珍しい作品の数々をじっくり見て、日本映画史について多くを学んだのである。フィルムコレクターへの関心はそれと繋がっている。幸いにも東京国際映画祭から機会を与えられ、映画の復活に具体的に関わることができた。

当然、一九九七年の「ニッポン・シネマ・クラシック」も担当するつもりで、蓮實さんとともに上映作品を選出した。ところが第十回東京国際映画祭事務局から「ニッポン・シネマ・クラシック」では前年に亡くなった黒澤明の追悼特集を組むと申し渡され、わたしの出る幕はなくなった。ただし、一九九五年、わたしは蓮實さんとロシアへ行き、モスクワ郊外の倉庫に保存されている日本映画のフィルムの調査をしていたから、九七年の東京国際映画祭では、そこで見つかった貴重な作品を何本か上映した。ロシアへの旅については本書の第六章で報告する。

その年、京都映画祭が始まり、わたしは企画委員として参加する。

京都映画祭の復元プロジェクト

京都は日本映画史の最初期から「映画の都」として栄えた。一九二〇年代から三〇年代にかけては何社もの撮影所が、地の利を活用して時代劇を量産し、映画の黄金時代の一翼を担った。そもそもリュミエール兄弟の発明したシネマトグラフは、一八九七年、京都でまず試写が行なわれたあと、大阪で公開されたのである。

そんな歴史を踏まえ、一九九七年、京都映画祭が発足した。京都市が実質的な主催者で、映画監督の中島貞夫さんが総合プロデューサーを務め、主に京都の映画関係者が企画立案などに従事し、企画委員として神奈川県在住のわたしも参加した。中島さんや企画委員長の美術監督西岡善信さんらから請われたのだが、京都の映画人と親しく、京都映画史に少しは通じていたからであろう。

京都映画祭は隔年開催で、『映画都市・京都』が生んだ名作映画の上映」と題したメインプログラムを中心に、内外の新作の上映、各国の珍しい作品の上映、学生映画祭など、多彩な番組で構成された。第一回、第二回のあと、二〇〇一年の第三回のとき、上映作品の内容に微妙な変化が起こる。その年は大スター阪東妻三郎の生誕百年であり、メインプログラムのひとつ「特集阪妻百年」に、もう見ることのできないと思われていた主演作の数々を断片ながら集めたのである。

わたしは当時、さまざまな情報を持っていた。そこで、中島貞夫さんと事前に相談したうえ、いずれも三十分以内ながら一九二八年の『坂本龍馬』など四本の断片集と、オモチャ映画の特集とを、企画委員会に諮り、了承された。とりわけ後者は珍品で、第三章で登場してもらったフィルムコレクター古林義雄さん秘蔵の、長さ数分のオモチャ映画のフィルムを借り受け、それを中心に、京都映画祭が35ミリのニュープリントを作製した。すでに記したように、オモチャ映画は子どもが楽しむものゆえ、山場のチャンバラ場面が主となっている。二七年の『血染の十字架』や三一年の『牢獄の花嫁』など計十七本を一本に繋ぎ、全三十分の阪妻名場面集として蘇ったのである。このときは既存の阪妻主演作のほか、ロシアから里帰りした荒井良平監督『鍔鳴浪人』前後篇(三九年〜四〇年)と稲垣浩・岳楓の共同監督『狼火は上海に揚る』(四四年)も上映した。

それが二〇〇一年のことで、京都映画祭の次回は二〇〇三年のはずだったが、財政的な理由などで中断し、二〇〇四年に第四回が開催された。前三回が京都市と京都映画祭実行委員会の主催だったのに対し、今回は京都映画祭実行委員会のみで、京都の映画関係者による自主運営となり、わたしは企画委員長を務める。

再出発とはいっても、京都で生まれた映画の上映を中心とする基本コンセプトは変わらないが、新発見のフィルムの復元と上映を目玉企画として押し出した。復元プロジェクトの中心に

『血染の十字架』

なったのは企画委員の太田米男さんで、幻の映画二本、一九二八年の三枝源次郎監督による日本初の本格的な鉄道映画『特急三百哩』と、五〇年の斎藤寅次郎監督による美空ひばり主演『青空天使』を蘇らせた。太田さんの活動は、このあとインタビューで報告する。ほかに、ロシアから里帰りした二作品、鉄砲伝来にまつわる日独合作の時代劇で、賀古残夢がドイツ人とともに共同監督を務める『武士道』(二六年)と、後藤岱山監督による仇討ち悲劇『護持院ケ原の火華』(三三年)も上映した。

　京都映画祭では、以後、

『特急三百哩』

『青空天使』

復元に力を入れてゆく。主だった作品に言及しよう。

二〇〇六年の第五回では、木村荘十二監督・円谷英二特殊撮影による東宝戦争映画『海軍爆撃隊』(四〇年)のほか、人見吉之助監督『三朝小唄』(二九年)、牛原虚彦監督『海浜の女王』(二七年)が復元された。二〇〇八年の第六回では、マキノ省三が日本の本格的な劇映画の始まりとされる監督第一作『本能寺合戦』を撮り、長男マキノ雅弘が生まれた百年目に当たるので、総特集を組み、マキノ家に保存されていた二作品、マキノ正博監督『幽霊暁に死す』(四八年)とマキノ真三監督『暗黒街の天使』(四八年)を上映した。マキノ省三の三男の監督による後者は、文献に題名は出てくるものの封切記録が見当たらない貴重品で、マキノ家に35ミリ原版があったが、劣化が進んでおり、フィルムセンターの修復を経てニュープリントが蘇った。

二〇一〇年の第七回の復元では、松竹下加茂撮影所の全作品が火災で消滅して六十年ということを焦点に、同所で撮られた林長二郎(のちの長谷川一夫)の主演作を集めた。冬島泰三監督『鳥辺山心中』(二八年)、山崎藤江監督『風雲城史』(二八年)、吉野英治と冬島泰三の共同監督による『黒手組助六』(二九年)、星哲六監督『美丈夫左京』(三一年)、そして小石栄一監督『切られ與三』(二八年)などオモチャ映画集である。同じ撮影所で撮られた

『海軍爆撃隊』

悪麗之助監督・月形龍之介主演『荒木又右衛門』（三〇年）も加えた。『風雲城史』はベルギーの王立シネマテークで発見、復元されたものである。二〇一二年の第八回では、伊藤大輔監督『一殺多生剣』（二九年）の三十分の短縮版を、修復不能と思われるほど劣化した16ミリのフィルムから一コマずつ撮影する形で復元した。

京都映画祭はその第八回で幕を閉じた。経済的な見通しが立たなくなったためで、残念きわまりないが、わたしは多くを学ばせてもらい、とりわけ復元特集を通じて、「幻の映画」もどこかに存在するという確信を深めた。

京都映画祭における復元では、明記したもの以外にも、完全版ではなく部分のものが多いことを附言しておく。また、逐一の記述は省いたが、フィルムの蘇生には、東京国立近代美術館フィルムセンター、プラネット映画資料図書館、京都文化博物館、立命館大学アート・リサーチセンター、マツダ映画社、大阪芸術大学玩具映画プロジェクトなど、さまざまな機関の協力を必要とした。どこに何があるかを調べて資料を捜し回るのが楽しかったことを、いま、懐かしく思い出す。

ほかにも数々のフィルムを所蔵している組織や団体は、全国各地に

『幽霊暁に死す』

ある。それらについては石原香絵著『日本におけるフィルムアーカイブ活動史』（美学出版）が詳しく、世界的な視野のもと、フィルム保存の歴史と現状がつぶさにわかる。石原さんはＮＰＯ法人映画保存協会の代表であり、協会の前身、映画保存研究会スティッキーフィルムズから、フィルムの発掘に従事している。京都映画祭でも、その活動の成果をたびたび借り受けた。先述の『特急三百哩』『海浜の女王』『黒手組助六』である。

おもちゃ映画ミュージアム

京都市中京区の二条駅と四条大宮駅の中間の路地を入ったところ、古い町家が軒を並べるなかに、その建物がある。

おもちゃ映画ミュージアム。世界でも珍しいオモチャ映画関係の博物館で、二〇一五年に開館した。京友禅の染め作業をしていた町家を改造し、黒光りする柱や梁が印象的な一階にも二階にも、オモチャ映画のカメラや映写機が陳列されている。瓦葺きに土壁という外観は京町家そのものだが、中に入ると、別世界の趣がある。

太田米男さんが、そこの館長である。わたしは京都映画祭に参加して何人もの素敵な映画関係者と親しくなったが、太田さんはその筆頭で、復元プロジェクトは彼でなければ成立しなかったと思う。

一九四九年京都市生まれ。京都芸術大学を卒業後、大阪芸術大学で教鞭を執るなか、京都映画祭の企画委員になった。その頃、中島貞夫さんが同じ大学の教授だった。太田さんが初めて本格的なフィルム復元に関わった作品は、日本映画史の重要作品でありながら長いあいだ「幻の映画」とされてきた鈴木重吉監督『何が彼女をそうさせたか』(一九三〇年)である。数年前にロシアから帰っていたフィルムが、太田さんと仲間によって蘇り、一九九六年、京都映画祭のプレイベントとして上映された。

二〇二〇年七月、本書の取材のため、おもちゃ映画ミュージアムを訪ねた。久しぶりに会う太田さんは、髪こそ褐色ながら、若々しい。機材やポスターなどに囲まれて、話はオモチャ映画に着目したきっかけから始める(以下、固有名「おもちゃ映画ミュージアム」は別にして、オモチャ映画一般については本書のほかの記述に合わせ「オモチャ映画」と表記する)。

「オモチャ映画に関心を持ったのは京都映画祭の阪妻特集のときですね。その頃、

太田米男さん
おもちゃ映画ミュージアム

大阪芸大で中島貞夫さんを館長とする博物館の計画があって、ぼくはいまさら映画のフィルムが集まるかなと思ったけれど、オモチャ映画なら集められるか、と。安井喜雄さんとか阪妻特集の古林義雄さんとかはたくさん持っておられる。で、フィルムは放っておいたら劣化するから、貸してもらい、大学の費用で複製を二本つくり、一本さしあげるという交渉をしたんです。買うのではなく、貸してください、と」

太田さんは二〇〇三年、大阪芸術大学藝術研究所の助成を受けて「玩具映画プロジェクト」を立ち上げる。その研究所が話に出た博物館の準備室である。そのあと、先述したように京都映画祭での復元プロジェクトとして、『特急三百哩』『青空天使』『海軍爆撃隊』、林長二郎のオモチャ映画集、『一殺多生剣』などを手掛ける。

『一殺多生剣』は在野の映画研究者がネットオークションで見つけ、ぼくが復元を相談されたんです。元の持ち主は以前から、それを含む百本以上を数千万円で買ってくれとあちこちに

『何が彼女をそうさせたか』

言ってたけれど、買い手がつかずにいて、フィルムはどんどん劣化していた。だから、その研究者は交渉して、やっと『一殺多生剣』を手に入れた。京都映画祭はそういう成果を発表する場だったんですよね」

太田さんはその間、世界的に有名なイタリアのポルデノーネ無声映画祭など、海外の映画祭にたびたび行っている。

「ポルデノーネはサイレント映画に特化した映画祭ですから、ヨーロッパはむろんアメリカからもコレクターが集まってくる。断片という考えはなくて、貴重なフィルムについての情報が飛び交う。あるフィルムの欠落部分の話になると、手を挙げる人がいて、自分は完全版を持ってますよ、とか」

そうした活動が、おもちゃ映画ミュージアムへと繋がってゆくのである。

「玩具映画プロジェクトをスタートさせた当初、映写機は、古いものだから値打ちがわからなくて、いろんなところに残っていた。ネットでも安く入手できた。いまはオークションをする人が多くなって、値段が吊り上がりましたけどね。アメリカでは安いです。ぼくは古林さんとかに教えてもらい、我楽多市でも入手した」

『一殺多生剣』

太田さんは二〇一〇年までに約八百本のオモチャ映画を復元し、その後も本数を増やして九百本を超える。そんななか、二〇一五年、一般社団法人京都映画芸術文化研究所を設立、おもちゃ映画ミュージアムを開館する。

「いろんなメディアが面白がって取り上げてくれましたね。すると、情報が集まってくるし、フィルムを寄贈してくださる人も出てくる。オモチャ映画だけではなく、そこに16ミリやパテベビーも混じっている。松之助の『忠臣蔵』がそうです」

開館まもなく、個人から寄贈されたフィルム群のなかに、それがあった。尾上松之助主演の『実録忠臣蔵』で、池田富保監督による一九二六年の日活作品。9・5ミリのパテベビー版の断片は現存していたが、こちらはそれの完全版だから、大発見といえる。

「9・5ミリでは『突貫小僧』も、ミュージアムの記事を読んだ人が持ってきてくれた。山根さんが以前に見つけたものより少し長く、ほぼ完全なパテベビー版です。この人はコレクターではなく、親御さんが子どもの頃に手に入れたものだそうです」

第七回京都映画祭で上映された月形龍之介主演『荒木又右衛門』(三〇年)も太田さんが入手したパテベビー版である。

「オモチャ映画は断片だけれど、35ミリですよね。オリジナルが無くなっているものが多いから、貴重です。日本ではネガ原版を捨ててしまうから、たとえば伊藤大輔の初期作品は失われているけど、断片は残っている。ミュージアムとして活動してると、そういうものが手に入るんです」

いま、おもちゃ映画ミュージアムには、九百本を超えるオモチャ映画に加えて、普通の劇映画のほか、アニメ、ニュース映画などのフィルムが収蔵されており、海外のものもある。フィルムだけではなく、映写機やカメラも数多く展示されている。それらすべてが必ずしも寄贈されたわけではないから、運営の困難さは容易に想像される。

「ここは会員制で維持していて、入館料だけではとても持たない。借家なので家賃がたいへんです。それでも、いろんな人が来てくれるし、声を掛けてくれる。映画研究者は全国にいっぱい増えているでしょう。外国にも。そういう人たちに向けて情報を集積し発信できる基地、アーカイブでありたいと思って、活動を続けている。ぼくはコレクターになろうと思ったことは一度もありません」

聞いてわたしは虚を衝かれた。コレクターになろうと思ったことがない人が膨大なフィルムをコレクションしているのである。

「フィルムはまだまだ在ると思いますよ」

太田さんは、にこにこしながら軽やかに言い切る。

安部善重さんの家は
右のプラットホーム跡の木立ちの中にある
1990年

第五章 生駒山麓の伝説のコレクター

親しく接してきた人が語る
……一九八九年

生駒山の麓に住むコレクター、安部善重さんのことは、一九八八年にフィルムコレクターの取材を始めた当初から聞いていた。

ただし、情報はさまざまで、あの人は面白そうに言うだけでフィルムは持っていないとか、持っていても屑フィルムばかりだとか、あの保管状態ではぐにゃぐにゃに溶けているとか、本当のところは判然としない。もう亡くなったという噂も耳に入り、いや、引っ越して行方がわからないとか、いや、最近、奥さんに道で会ったが、いつも一緒の旦那さんがいなかったとか、はっきりしない話ばかりが飛び交う。

安部さんと親しく付き合っていた人に会って、もっと具体的な話を聞きたい、とわたしは思った。そこで、安井喜雄さんに相談した。安井さんは最初に安部さんのことを教えてくれた人で、実際に会ってもいる。と、最適の人を紹介してくれた。

一九八九年三月、安井さんと大阪のプラネット映画資料図書館で会い、一緒に近くの喫茶店へ行き、その人にインタビューした。

湯原信男さん、一九二七年生まれ。大阪の映画館、シギノ大劇や京橋名画座の元支配人で、仲間とともに移動映写の仕事をしている。

そういえば、第二章の岡部純一さんの話に、日活時代劇『まぼろし城』を見たのはシギノ大劇で、支配人の湯原さんに会ったことが出てきた。その「無声映画を守る会」の主催による上映会は一九七六年。ところで第一章で記したように、わたしが安井さんに初めて会ったのは一九七五年で、鴫野の映画館とはシギノ大劇のことだとすれば、そのとき湯原さんのお世話になったかもしれない。だが、そんなことは思いもしなかった。

湯原さんは「無声映画を守る会」の中心メンバーとして活動するなか、生駒の安部さんを訪ね、親しくなった。その出会いから話は始まる。

「無声映画のフィルムを捜してあちこち走り回っているとき、安部さんのことが耳に入ったんです。東京の人の話では、あの人は眉唾もんで、フィルムをたくさん持ってるけど、ちぎれや、と。無声映画やっとる相棒と、それでもええやないか、フィルムを借りに行こうと、住所を調べて、一緒に生駒まで車を飛ばして家を捜した。十年以上も前ですわ。いまから考えたら無茶な話で、いきなりですもん。なにしろ山の中ですさかい、道も何もわからへん。そのうち、ちょっと広いところへ出て、茶店があったから訊いてみたけど、そんな家は知らん、と。どうしたもんかと思うて、ふっと前を見たら、向こうのほうにトンネルがあって、駅のプラットホームの跡が残ってて、横に昔の兵舎みたいなバラックが建っとる。近鉄が昔、線路を広げるために、その線を廃止したんです」

豪快な大阪弁の勢いのもと、まるで物語のような時空が広がってゆく。

「バラックの辺りを何の気なしに見とったら、六十ぐらいのおっさんが表で花に水をやってる。安部さんいう方はこの近所にいらっしゃいませんか、と訊いたら、こっちの顔をにゅーと見よったです わ。でね、ふと表札を見たら、安部と書いてある。あ、ここやなと思うて、じつは無声映画の会を、と事情を縷々説明したら、おっさん、ニコッと笑ってね、ああそうですか、ご苦労さんでした、まあ上がんなさい」

初対面なのに招じ入れてもらったのは、湯原さんの人徳であろう。

「入ったら、バラックでしょう、床はギシッギシッ。で、テレビが何台もずらーっと並んでる。サラと違いますよ、崩れたようなやつ。こっち側には天体望遠鏡が何十台もあるわ、フィルム缶が天井まで積み上げてあるわ、とにかくまあモノだらけですわ」

挨拶のあと、無声映画のフィルムを貸してもらいたいと伝え、どんなものが欲しいのかと訊かれ、『忠次旅日記』はありますかと問うた。

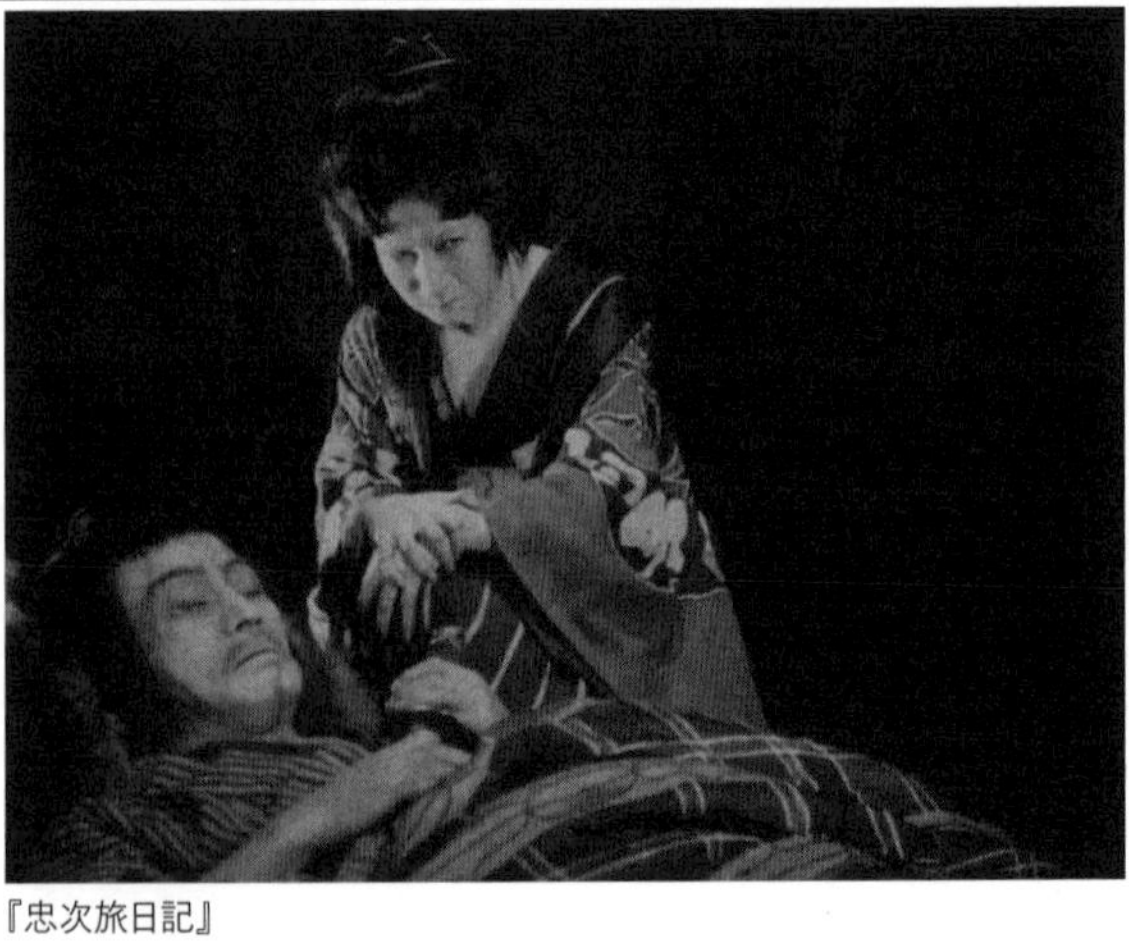
『忠次旅日記』

「うん、あります、と。それなら見せていただけませんか、と言うたら、安部さんの話はこうですわ。何年も前に、何とかいう人が来て、昔の燃える白黒フィルムは銀が取れるので、屑フィルムをくれと言うんで、ドンゴロスに入れて渡したところ、そのなかに『忠次旅日記』の断片なんかも入ってて、その人はそれを編集して九州で巡回上映し、大入りやった。つまり安部さんを騙したわけですわ、銀を取るとか言うて。それに懲りた安部さんは、もういっさいフィルムは出しません、と」

湯原さんはそれでも粘り、安部さんから、文部省とか大阪府とかの公的な協力を得られるのなら考えてもいい、という発言を引き出す。そして、大阪府の職員を連れて相棒とともに安部さん宅を再訪し、膝詰め談判へ。押し問答の末、何も出してもらえない。

「で、わたしね、それから安部さんのとこへ十何回行きました。夜中ですよ。昼は仕事がありますから。そしたら、もう喜んでくれてね、よく来てくれたと」

その間、いろんなことがわかってくる。

「十回も行けば親しくなりますから、フィルムの缶を、ちょっと見せてくださいと言うて開けると、編集用のラッシュフィルムですわ。どうしてこんなものが手に入るんですかと訊いたら、あるルートがあって入ってくる、と。NHKとか大きなとこは、機械にしても時期が来たら新しいのに代える。で、古い機械が安部さんのとこに入ってくる。何か組織というか機関があって、そこに関係しておられるんですね」

安部さんの父親が医者で、膨大なものを集めていたこともわかった。安部さんは、自分は父親の残したものの守りをするだけや、と。

「安部さんは一人息子で、中学生のとき、お父さんに言われたそうですわ。中学生のくせに映画を見に行ったらあかん、うちで映画をやってやる、と。家に広いホールがあって、フィルムはなんぼでもあるから、35ミリの映写機を二台据えて上映できた。それで、消防署に届けに行ったら、観客は何人かと訊かれたという。父、母、息子の三人や。そら許可ならん。そやけど三人しかおらんので、しゃあない。おカネを取って人に見せるわけではなく、趣味で上映する。それで許可を取って、毎日、映画を見たそうです。そういう話を聞いて、わたし、この方はなんていう人なんやと思うてね」

湯原さんの話はどんどん広がってゆく。

「そらもう安部さんのとこには何でもあるんですわ。鎧、兜、日本刀、それから切手、蝶々。わたし、はっきり目で見たものがいっぱいあります。その家の十五部屋に入れてあるほか、茨木や高槻にもバラックを持ってて、そこに入れてある、と。永久保存するというわけです。あるときね、こんばんわと訪ねたら、中から異様な音が聞こえる。何かジャラジャラいう音が。生駒の山奥やから、蛇でもおるんかいな、気持悪いなと思って。で、家に入ったら、奥さんと二人で、大きな布に、ガラスのビー玉をいっぱい入れて、ジャー、ジャー、ジャーと磨いとるんですわ。わたし、言うたですよ。安部さん、そんなもん、どこにでもなんぼでもあるやないですか。すると、こうです。百年、二百年したら、これが値打ちが出ますよ。わたしらと次元が違うわけです、話の次元が」

なるほど、スケールが常識の範囲を越えている。

「わたしは夜十時頃に着いて、朝の五時までおることもあるんですよ。安部さんはじーっと付き合ってくれる。冬の夜やと、しんしんと寒い。フィルムがあるからまともな暖房は出来ない言うて、灯油ストーブの小さなやつだけ。ご本人は下はパッチみたいな薄いのを穿いてね、着物一枚ですよ。ちゃんと正座して動かない。もう聖人君子ですわ」

夜から朝まで飲まず喰わずなのだろうか。

「それは、お茶は出すし、お菓子も出ますよ。でね、わたし、ヘビースモーカーですわ。煙草をパッパパッパ吸う。そうすると、煙草がなくなるのを見てはって、ちょっとお待ちください言うて、向こうの部屋から、煙草を持ってくる。これがね、表の箱がなくて、銀紙だけの包みになっとって、どうぞ吸ってください、と。表のケースは、と訊くと、全部取って残してある、と。煙草は専売公社から送ってくるんですって。安部さんは煙草もお酒もやりません。何の楽しみがあるんですかと訊いたら、わたしは辛い、こんだけのものを守るだけで精一杯、おたくらのほうが幸福ですね、と笑ってはる」

湯原さんはそうやって付き合ううち、安部さんから一度だけフィルムを貸してもらったことがある。東亜キネマの『八荒流騎隊』。一九三〇年のサイレント映画で、監督は後藤岱山。羅門光三郎らの出演する幕末ものである。

「可燃性フィルムがくっついてしもうて、その部分を除いて、五巻ありました。元は前後篇やから、かなり短い。おカネは取らんと、研究会の会員だけで見ましたが、安部さんがドンゴロスの袋に入れて持ってこられたんですよ。そやから、安部さんはまったくフィルムを貸さないというわけではなくて、おカネも受け取りません。フィルムは虫干しいうのかな、年に一回か風を通さんといかんから、何年か前には『忠次旅日記』を前の広場で近所の人に見せたとか」

安部さんがフィルムを所蔵していることは間違いないらしい。

「あの人はね、差し押さえした不動産とか、没収した密輸品とか、そういうものが入ってくるようになってるんです。でなければ、煙草とか切手とかが集まってきませんよね。わたしに、家がないなら見に行きなさいと言うので、見に行ったことがあります」

湯原さんの話は面白すぎるほど面白い。わたしは安部さんへの興味をますます刺激されたが、湯原さんも長年会っていないという。

「もう五年以上会ってません。あの家はないそうですが、生駒に住んではるのは間違いないと思います。ただ、あの方、なかなか摑まらないんです。旅行したりして。世界にひとつしかない天体望遠鏡を買いにソ連にも行ったと言うてはった。ブラジルの何とかいう蝶々が欲しいと聞いたから、ブラジルに行って一年くらいおらんかもしれない」

話が世界中に飛ぶ。わたしが思わず首をひねるのを見て、湯原さんが言う。

「いつやったか、安部さんのことを昼間勤めている会社の社長に話したんですよ。こういう人がおって、こうや、と。そしたら社長が、お前、それはやな、生駒の狸に騙されよったんや、尻尾見なかったか、と言いよりましたわ。ワッハッハハハ」

これにはわたしも笑うしかない。

「普通の人とは違います、安部さんは。それはわたしも認めますわ。そやけど、尻尾はたしかに無い。わたし、後ろを何回も見たことありますさかい」

湯原さんは真面目な表情でそう言って、高らかに笑った。

新緑の石切駅近くの家を訪れる
……生駒詣で一九九〇年

その後、フィルムコレクターの取材を続けるうち、わたしは湯原さんの話を何度も反芻した。むろん生き生きと面白いからで、安部善重という人物の像が、会ったこともないのに脳裡にまざまざと浮かんでくる。そこには、生駒山の麓、プラットホームの跡、兵舎みたいなバラック、といった風景の印象深さも作用している。

月日が経つにつれ、わたしは安部さんの元の家だけでも見てみたいと思いはじめた。頼みの綱の安井さんにその旨を話すと、すぐに連絡を取ってくれ、湯原さんが喜んで案内してくださるという。

あれから丸一年後、一九九〇年三月末日、大阪環状線の京橋駅で、安井さん、湯原さんと待ち合わせる。物凄い人出で、どうやら明日から始まる通称「花博」、正式名「国際花と緑の博覧会」の関係らしい。湯原さんがその人混みを掻き分けるようにやってきて、嬉々とした表情で叫んだ。

「山根はん、あんたはラッキーや!」

なんと、湯原さんが名刺の山を調べ、紙切れにメモしてあった安部さんの電話番号を見つけて、もしやと思い電話を掛けてみたら、安部さんはいまも元の家に住んでおり、会ってくれるという。引っ越したとかなんとかは、すべてデマだったのである。

三人でさっそく生駒に向かった。

生駒山は大阪府と奈良県との境にあり、大阪府吹田市で生まれ育ったわたしは幼い頃から親しんでいた。二つのことがいまでも忘れられない。

まず「石切さん」。これは大阪府側の山麓にある石切《いしきり》劔《つるぎ》箭《や》神社《じんじゃ》の通称で、関西では「腫れ物」「おでき」のことを「でんぼ」というが、石切神社は「でんぼの神様」として知られ、わたしは幼い頃、栄養失調による「でんぼ」を治してもらうため「石切さん」へ何度も行った。

最寄りの駅は近畿日本鉄道の石切駅。ひとつ先が生駒駅で、生駒トンネルを通り抜けてゆく。幼いわたしは「石切さん」へ向かうたび、そのトンネルのことが気になった。生駒トンネルには幽霊が出るという噂を信じていたのである。石切神社は神道石切教の神社だが、「でんぼ」治療のため、そこへお参りして、具体的にはどういうことをしたのかについては、まるで憶えておらず、幽霊のことだけが記憶にこびりついている。

安部さんの家はその生駒山の大阪側の麓にある。

小雨のなか、そんな思い出深い石切駅に何十年ぶりかで降り立つ。

駅から歩いて数分、新緑と桜が雨に濡れて輝く生駒山の麓、伸び放

安部善重さん

題の草むらに、目指す家があった。少し向こうにトンネルの黒い穴が見え、手前に鉄道の廃線とプラットホームの跡があり、およそ住宅地とは思えないところに、トタン屋根の兵舎のような古い家が建っている。なにもかも湯原さんの話のとおりである。

安部善重さんは、初めて会うわたしを笑顔で迎え入れてくれた。付き添いが湯原さんと安井さんだから心強い。

家に入るや、戸口から左右とも、あふれんばかりのモノの山だらけで、その一角にはフィルム缶が天井まで積み重ねてある。とうてい空き缶とは思えない。わたしは山積みになったモノのあいだを抜け、奥の部屋に通されつつ、胸に高鳴りを覚えた。

奥の部屋といっても、やはり四方がモノで埋まったなかの狭い空間である。安部さんは薄い着物姿で、ぴたりと正座し、後ろに奥さんがにこやかな表情で坐っている。わたしたち三人は、そんなご夫妻を前に全身を屈めるように坐り、挨拶のあと、湯原さんが説明してくれたのを受け、わたしは突然の訪問を詫びる。安部さんは、小さく相槌を打ちながら、笑みを絶やさない。

筆者、安部さん

ふと横を見ると、オモチャの紙箱がうず高く積んである。これはジグソーパズルですよね、とわたしは言った。

「ええ、これでパズルが千七百種類ぐらいになりましたか。オモチャのメーカーから送ってきよりますねん。全部わたしがやりますのや。映画も同じことで、みんなわたしのオモチャやったんですわ」

いきなり面喰らう話からインタビューが始まる。

「わたしらが子供の頃は、活動写真のようなものを見に行くのは不良の始まりや、という時代だったんですな。けど、活動写真はたしかに面白いもんやから、見るなとは言わん、家でやれ、と。親父が医者でしたさかい、患者宅でその話をすると、うちにある言うて、フィルムを出してくれはった。最初は九ミリ半ですねん。わたしが四つぐらいのとき、うちの出入りの者がドイツへ洋行しやはって、お土産にもろうたんです。九ミリ半の撮影機と映写機。それがまあ始まりですわ。あの当時、生フィルムはまだそんなにありませんし、子供のことですから、伴野商会かどこかから既成の九ミリ半フィルムを一週間に二、三本、買うてくれよったですかな。けど、そんなもん何遍も見られやせんし、つぎからつぎへと変わったものが欲しくなる。それがだんだん溜まったわけですわ」

なるほど、だからオモチャだったのか、と納得する。

「それはわたしのことでね、親父のほうはあちこち仕事をするうち、映画事業に出資してくれというような話があって、35ミリのフィルムをもろうたんですわ。大阪の春日出にいたときには蔵に半分ぐらい溜まってました」

一瞬、話の内容が摑めず、それはいつ頃のことですかと問う。

「戦前ですわ。35ミリのフィルムを親父が集めたんは、大正年間です」

あらためて安部さんの生年を訊く。一九二三年生まれ。すると、九ミリ半の映写機などを土産にもらったのは、昭和初期のことである。

大阪市内に生まれ、兵庫県西宮、先述の春日出を経て、一九三四年、いまの家から谷ひとつ向こうの生駒山の麓へ移り住んだ。父親は春日出、西宮、大阪市内の四ツ橋などで医院を構えるほか、看護婦の養成にも従事していた。神戸の元町で医院と眼鏡屋を兼業していたこともある。

「谷ひとつ向こうの家に来たのは、疎開も兼ねましてね。まあまあ開けてたとはいえ、山の中ですから、フィルム倉庫みたいなものもすぐ出来る。わたしは中学に入った頃でしたか。映画のほか、レコードにも凝って。最初に申し上げたとおり、全部わたしのオモチャなんです。それがだんだん溜まっただけでね。現在でも続いているんですわ」

しかし保存する情熱が普通ではない、とわたしは感想をもらす。

「いや、そんなことないですよ。誰だって皆やってはりますで。わたしだけやないんですわ。

捨ててしまうか置いとくかだけの違いですのや。同じことやと思いますよ」

安部さんは事もなげな表情で、映写機が溜まっていった話を続ける。

「だんだんわたしも大きくなるし、いつまでも九ミリ半じゃあかんとなって、その間、8ミリもちょっとありましたけど、あれはご承知のようにフィルムも数が少ない。皆で二十種類ほどでしたか。で、思いついたのが16ミリですわ。16ミリは好いそうだ、買おうということで、当時九十円か。エルモの躍進号を買《こ》うてもろた。あれは上映時間が二十分くらいです。むろん無声で。躍進号が夕陽号に変わって、少し長い。それを使《つこ》うとったんですが、世の中だんだんトーキーになって、うちの機械はものを言わへん、と。じゃあトーキーを、となって、夕陽号と同じ格好のエルモトーキーちゅうのを買うてくれました。いまでも残ってますわ。三百四、五十台」

わたしはその数に驚いて、場所がたいへんじゃないですかと言う。

安部さんはホホホと笑って軽やかに答える。

「いや、捩じ込んだんです。空間を最大限に利用して、詰められるだけ詰めて」

安井喜雄さん、湯原信男さん

するると、映写するフィルムも増えてくる。

「そうです。映写機に比例して、だんだん溜まってくるんですわ。だけど16ミリはどうもフィルムが少ない。じゃあ35ミリに、ということになったんです。家から少し行ったとこに映画館があって、そこの方が、じゃあ好きなときに映しなさい言うて持ってきてくれはる。それが後年、大映のお偉方にならはった人ですねん。ご存知やと思いますけど。そんなことでだんだんとフィルムが溜まってきたんですわ。だから年月に比例してて、とりたてて集めたもんではなく、自然に増えてきますんやわ」

収集ではなく自然増殖。この考え方に啞然としていたら、さらに凄い話になる。

「小林一三さん、阪急や宝塚歌劇の創立者が、うちの母親と親しくて、宝塚歌劇で使うた衣裳が運ばれてきましたんや。トラックに九杯。宝塚開闢以来の衣裳ですわ。三百坪の倉庫に満杯で、いまでもあります。諸事百般その式なんです」

安部さんは笑いながら、これもそうですと前方の本の山を指差す。

「知り合いの本屋さんが商売をやめて、七千冊、最近持ってきたんですわ。新刊ばっかりです。引き取ってくれと言われたら、引き取らざるをえませんがな。断わる場合もありますけど、何とかなるやろと」

なるほど、諸事百般その式、か。

「夏に大丸が戦争展をやるのがそうです。戦時中の家庭生活必需品は残ってないと言わはりますから、そんなことはあらへん、うちに残ってるさかいと、種類にして二十万点ほど貸しました」

安部さんのコレクションは、湯原さんの話のとおり、多岐にわたっている。レコード、兜、鎧、甲冑、日本刀、絵はがき、貨幣、酒のラベル、マッチのラベル、煙草の包装、時計、天体望遠鏡、テレビ受像機、真空管……。

長くなるので省いているが、同席する湯原さんもしきりと合いの手を入れてくれ、話が弾む。そして、わたしが驚いたり呆れたりするたびに、自分の話したとおりでしょうという嬉しそうな表情で相槌を打つ。

島根の旧家三十七代目、戦中派の死生観

桜の咲く季節になったとはいえ、三月末はまだ寒く、室内はしんしんと冷え込む。フィルム保管のためにも、最小限の暖房しかないらしい。防寒用ジャンパーを脱いでしまったわたしは、いまさら着るわけにもいかず、少し後悔する。

ところが安部さんも、その後ろに小さく坐った奥さんも、薄い着物ひとつで真四角な正座を

まったく崩さない。いままでの話から、いや、前年の湯原さんの話から、安部さんが只者ではないことは重々わかったが、端然たる佇まいにも感じられる。そして、先祖のことを聞くうち、さらにそのことを確信した。

安部さんは島根の旧家の出で、家系は室町時代以前に遡り、家系図もあるという。島根と鳥取にまたがる地域のほとんどの山を、かつて三つの家が持っていたが、そのひとつが安部家で、安部さんはその三十七代。先祖代々受け継いできたもののなかには、古文書もあり、千利休がなぜ切腹を命じられたかの物証もあるというから、目が点になるではないか。姻戚関係には、首相をはじめ政界の実力者から大銀行のトップまで、日本の支配的地位にいる人が数多く、その名前がつぎつぎ飛び出す。

医者だった父親は一九七〇年に亡くなり、独りっ子の安部さんが家を継いだ。安部さんには子どもはいない。

「わたしで終りですねん。母親は近江八幡のこれも古い家の出で、長女やったし、母方のほうも死に絶えたから、わたしが二軒とも引き継がないかんのですわ。ほかにもう三軒あって、五軒が寄ってますねん。みんなわたしで終りですねんやが、終ったら、それでよいと思うとります」

平然たる口調で、覚悟などといった力みは感じられない。

世間一般の言い方でいえば、安部さんの職業は何だろう、と訊いてみる。

「何にもしてませんのや。戦前はだいたい年貢でやっていけた。いまの生活は戦中も戦後も同じことですねん。あんまり褒めたことやないですけどな。戦争にもわたしは行ってません。東条英機首相から兵役は免除ということでね。松江連隊の司令官から来た証書が残ってます。赤紙なんか全然来てないし、徴用も何もなしで。親たちがやったことやから、わたしは何も知らんのです」

一九二三年生まれだから、まさに戦中派である。兵役免除にはそれなりの理由があるにちがいない。学歴を尋ねた。

「最初は種智院ですな。あそこから今度は龍大のほう、それから京大のほうへと。京都には十二年間ほどいましたか。室町にも家がありましたさかい」

種智院は仏教系で、龍大つまり龍谷大学と繋がり、一転、京都大学へ。戦争末期のそうした学歴が就職と結びつかなかったのだろうか。

「研究機関に属していたもんでっさい」

何の研究機関なのだろう。

「現在からすれば幼稚なもんですが、原子力のほうをね。原子物理学もやったし、無線工学もやりました。テレビジョンも、まだ実験放送のない学生時代から、皆やったもんですわ」

なるほど、だから兵役免除かと納得する。

「終戦と同時にそういう研究はやめました。軍事目的ちゅうもんはやるもんやないですわね。あの当時、いろんな案はあったもんです。蛍光灯の材料二つを合わせると、発色が変わるんで、蛍光塗料をこしらえてくれとか。けど、軍事用に転用されたら、かなんな言うて退いたんですわ」

戦後はそうやって無職で通し、その間、四十数年、多種多様のモノが増えつづけてきたことになる。

「そうです。捨てるいうことはあらしませんのやから。さっきも言いましたけど、どこのお家でも処分せんと置いといたら同じことになるわけですわ。大丸の戦争展には昭和十年から二十年ぐらいまでに使うたものが出てますが、そんなもん、世の中にはなんぼでもあったわけです。珍しいものでも何でもない。消耗品ですから、置いとくか使い切るかだけの違いですわな。手近な話をすれば、現在の貨幣もそうでしょう。これから千年も経ってごらんなさい。やっぱり珍しくなりますわな」

そのとおりだが、そもそも安部さんはなぜ捨てずに置いておこうと思ったのか。

「不思議に思われるかもしれませんけども、わたしらの周囲を眺めたら、同期の者いうたら、ほとんど戦死してます。われわれの年代は特攻で行くのが当り前でしたからね。こないだも同窓会の通知が来ましたら、生き残っていたんは四人ぐらいですわ。そやから、誰かが記録に残しといたら、それでよろしい。それだけのことです。消耗品ちゅうもんは無くなって当り前や。だから、残せる者が残すいうことでええんやないか。べつにこれ、計画的な考えやないんです」

安部さんが突然、穴の空いた十円玉のことを言いだす。そんなものがあったのかと驚くわたしに、それではあきませんのやと笑う。

「昭和二十五年に穴の空いた十円玉をつくったけど、流通しなかった。それがうちにもあるし、世の中にもあるんですわ。なんで流通しなかったかというと、当時、ニッケルがたいへん高騰した。そのために十円以上の価値のあることがわかり、その材質を五十円玉のほうへ回すようにとストックしたんです。ところがある運搬会社が橋の上から一袋落として、行方不明に。で、それがまたある浚渫船に掬い上げられましてね。そのとき全部回収したことになってるんですが、なんぼか流れたわけですわ」

幻の十円玉物語に聞き惚れるわたしを見て、安部さんは嬉しそうにまた笑う。在ったものはそうやって残りますのや、と言わんばかりの表情で。

ふと思いついて、朝は何時頃に起きるのかと訊く。

「朝は五時です。寝るのは、日にもよりますけど、まあ十時頃まで頑張ります」

それなら、まあ普通か。湯原さんが朝までお邪魔したというから、寝ない人かなと思ったとわたしは言う。

「いやいや、興行関係のお方はみな夜通しですわ。珍しいことあらしません」

横で湯原さんが相槌を打ち、大笑いになる。食べ物の好き嫌いは、と訊くと、そんなものあらしません、と安部さん。奥さん曰く、総体に甘いもんが好きなほうで、お饅頭とか、そういうお菓子とかを与えとけばよろしいんです。すると、安部さんが言う。

「このごろは歯が悪いさかい、よう食わん」

お酒はどうなんだろう。

「酒も煙草もダメです。酒は呑んだことないですわ。ラベルは取っておくけど。呑まないといけないような会には絶対行きません。そら、付き合いは悪いですわ。初めての人なんかは怒ってるように思わはりますけど、そのうちわかりますねん。健康保険はいっぺんも使ったことないです。風邪は引きますけどな」

奥さんが笑いながら、お医者さんにも行かんと治してしまう式です、と言い、隣で安部さんはニコニコしている。ご夫婦の絶妙なやりとりが微笑ましい。

フィルム目録の作品群に目を瞠る

さて、わたしの目当てはむろん映画のフィルムで、安部さんの家系や経歴などの話をあれこれ聞くなか、湯原さんとともに、何かというとフィルムを話題にする。

そのうち、安部さんがふっと立ち上がり、奥の部屋から三冊の書類を持ってきて見せてくれた。会計の書類などに使ういわゆる罫紙ノートである。

「映画の目録ですねん。16ミリで、試写が終ったぶんですわ」

わたしは息を呑んだ。横から安井さんも覗き、二人して眼をカッと見開き、薄紙に横書きで記された細かな字を追ってゆく。

目録は明治三十年(一八九七年)から始まり、題名が並んでいる。映画の誕生はフランスのリュミエール兄弟がシネマトグラフを発明した一八九五年とされ、シネマトグラフの作品は九七年には日本で公開された。ということは、目録にはその最初期から記載されているわけか、と驚く。

ところが、途中に明治二十九年(一八九六年)の題名が出てくる。『西洋人の射撃練習』と『西洋人の縄使い』。メモ代わりに題名を読み上げていたわたしは、思わず安部さんに、これは何でしょうかと訊くと、そういうのは実写ですわとの答え。

気になって後日調べた。田中純一郎の『日本映画発達史』第一巻（一九五七年、中央公論社、のちに中公文庫）の記述、および松浦幸三編『日本映画史大観』（一九八二年、文化出版局）の年表には、一八九六年に神戸で公開された映画として『西洋人スペンセール銃ヲ以テ射撃ノ図』『西洋人縄使用別ケノ図』が出てくる。どちらもアメリカのエディソンが発明したキネトスコープで、ひとりずつ大きな箱の穴を覗き込んで見る方式であり、シネマトグラフのように映写して見るものではない。同じ一八九六年で題名が酷似していることからすれば、目録の二本はこれではないか。

横田商会、Mパテー、東京シネマ商会、吉沢商会、天勝、Mカシー商会……。目録には日本映画史の初期を担った会社の作品があり、目がくらくらする。一九二〇年代の作品を監督、題名、会社の順に、何本か列記してみよう。

一九二〇年……田中栄三『西廂記』日活
一九二五年……溝口健二『大地は微笑む』、三枝源次郎『世界の女王』、若山治『波荒き日』（以上日活）、島津保次郎『祖国』、大久保忠素『支那街の夜』（以上松竹）
一九二七年……田坂具隆『阿里山の侠児』日活、中島宝三『アイヌの娘』マキノ、渡部新太郎『港の一夜』帝国キネマ、内田吐夢『東洋武侠団』日活
一九二八年……野村芳亭『民族の叫び』松竹

どれも現存すると聞いたことがないフィルムである。

満洲映画協会の作品もある。大谷俊夫『東遊記』(東宝との提携作品で日本公開一九四〇年)、山内英三『美しき犠牲』(日本公開四一年)、佐々木康『迎春花』(松竹との提携作品で日本公開四二年)など。今井正・崔寅奎の共同監督『愛と誓ひ』は東宝と朝鮮映画の合作によるもので、一九四五年七月の公開。そのほか、一九二〇年前後のアニメーションの題名も数多く並んでいる。

「みんな16ミリで、35ミリから焼いたものです。原版の35ミリも、ネガも仰山ありますわ。16ミリの目録は十一冊。ほかに8ミリ、九ミリ半、十七ミリ半、28ミリ、それぞれ目録があるんです。それから35ミリが四冊ほど。試写をやってリストをつくるまでが大変ですねん」

目録の作品には番号が振ってあり、随所に空欄がある。題名と年号は缶に記されているが、まだ試写をしていないものは番号だけで、製作会社や監督や出演者の名前は記していない。試写は自分でするという。

「ビュアーでフィルムを引っ張って見ただけでは承知ならんのです。やっぱり全部ちゃんと映写してみる。見る時間が大変ですわ。だから、こういうのがないかと言われても、それはあるで、ちゅうとこに行くまでに十五年ぐらいかかります。手伝う言う人もいるけど、それはあかんのですわ。わがやらんことには、あとが続かんですわ。目録づくりは三年ほど前から始めたんです」

当然、わたしは35ミリの目録を見せてくださいと頼む。安部さんはまた奥から罫紙ノートを一冊持ってきて、手渡してくれる。

「明治二十九年からですな。最初はほとんど実写の外国映画で、日本で上映したものです。それを縮小焼きしたのがさっきの16ミリ」

ざっと見るうち、明治三十二年（一八九九年）の『稲妻強盗』という題名に目を瞠る。たしかこれは最初期の劇映画ではないか。あとで調べると、『日本映画史大観』の一八九九年の項には、『稲妻強盗捕縛の場』との題名で「関東地方を荒し回った兇賊坂本慶二郎をモデルとした際物映画で、横山運平が刑事に扮した」とあり、地方では『稲妻強盗』『ピストル強盗』の題名で上映され、長さは七十呎で、百五十呎の説もあるという。安部さんの目録では「実写劇、百五十呎」。

歌舞伎の舞台を撮影したもの、日露戦争の記録映画などが、ずらりと並んでいる。外国映画もある。明治三十八年（一九〇五年）、『ジョルジュ・メリエスの月世界旅行』と『ジョルジュ・メリエスのガリバー旅行記』。どちらも一九〇二年の映画だから、三年後に日本で公開されたときのフィルムであろう。

日本の映画スター第一号、尾上松之助の名前が目につく。何本も並んでおり、すべて監督は牧野省三。

一九〇九年……尾上松之助のデビュー作『碁盤忠信 源氏礎』

一九一一年……『関口弥太郎』『山中鹿之介』『岩見重太郎』『敵討崇禅寺馬場』
すべて製作は横田商会。一九一〇年の『慶安太平記　由井正雪』も記載されているが、これのみ監督名は不詳。

一九一三年……『木村長門守』『八犬伝』『田沼騒動』(すべて製作は日活)

以上はわたしが尾上松之助の題名を読み上げたものだけである。その他も含め、一九一一年(明治四十四年)だけで二百九十五本の題名が並び、続く大正年間は毎年二百本以上の題名が記載されている。

一九二五年の欄には、溝口健二の『無銭不戦』日活、衣笠貞之助の『月形半平太』聯合映画芸術家協会、五所平之助の『当世玉手箱』松竹がある。二六年では牧野省三の『夜叉王』マキノプロがあり、これは市川右太衛門の最初期作品。

いやはや、マイッタ。随所に空欄があるとはいえ、膨大な量である。帝国キネマや新興キネマの作品は別のリストになっているらしい。これだけのフィルムを逐一試写しては目録にするとは、気の遠くなる作業である。端正な字は安部さんのものだという。

写真に撮らしてくださいと言ってみた。

安部さん宅の一角に積まれたフィルム

「いまの段階ではお断わりします。ここでご覧になるのはよろしい。ちゃんと出来上がりましたら、かましませんのや。半製品も半製品、お見せするようなもんやないですけど、今日は湯原さんもおいでになってることやから」

安部さんのきっぱりした答えに、返す言葉が出てこない。

『アリラン』は絶対出しません

それにしても、どれくらいの量のフィルムがあるのだろう。

「明治、大正の部分は、親父の代からですわ。そのあと、昭和三十五年（一九六〇年）ぐらいまでのもんは半分ほどあります」

日本映画封切作品の半分！　目をくるくるさせながら、安部さんが戦後の作品を集めた方法を訊く。

「映画会社の人らが持ってきやはったんです」

寄贈かと思ったら、買ったという。すると、値段が気になる。

「わたしが買うたもんやないし、経理のほうはあまり知りませんけど、まあ、そこそこ出しよったんと違いますか。はたの人らが皆やってくれます。わたし、何も金儲けするわけやなし。その当時、いろいろなメンバーがいたものでっさかい、その人らが集めてくれよったんですわ。

もう皆亡くなったし、初めから、集めてあげるわ言うて集めてくらはった人ばっかりですのや」

さきほど記した家系や縁戚関係から察するに、メンバーとは、たとえば各映画会社の上層部の知り合いとかなどかと訊いてみる。

「そうです、そうです。そう思うてもろたらええんです」

買うといっても普通の売買関係ではない。

「全然違います。初期のマキノプロのときでも、同じことです」

そんな人脈が父の代から続いているということか。

「親父のときもあります。それから、あとはある大きな興行師さんがすべてを取り仕切らはったもんですのや。その方がいろんなルートで。有名なお方です。その人らが寄ってやってくれはったもんですから、フィルムは各社とも入ってます」

戦前の作品の場合、いまの映画会社が売ってほしいと言うこともあるのではないか。

「販売するいうことは絶対にしません。これは全部お断わりしてます。映画に限らず、わたしのとこに入れたものは、絶対に販売するいうことはないです」

では、わたしのような者に見せるだけについては、どうお考えなのか。

「原則としては見せません。何か機会があれば、公表する場が出来るかもわかりませんけど、現段階ではそこまで行かんですわ。このリストを拵えるまでが一騒動ですねん。これが出来上がって、それからどういうことになりますか。上映する場所が出来るか出来んかわかりませんけど、出来たらそこで上映するとか、近代美術館に持っていくとか、何か考えますわ。そこでご覧になったらよろしい」

近代美術館とは東京国立近代美術館フィルムセンター（現在の国立映画アーカイブ）のことで、いままで何人もの人が交渉に来ているという。京都府が一九七〇年代に始めたフィルムライブラリー事業（現在の京都文化博物館の一部）からも。

そうした公共の施設の場合、費用を相手に出させて、所蔵フィルムをコピーして提供するという方法もあるのではないか。そもそも映画は複製可能なのだから。

「うーん、それね、面倒なんですわ」

安部さんは苦笑いしつつ言う。

「それやると、もうね、つぎつぎと。こういうものは必ずひとつ出せば、つぎちゅうことになります。だから初めから出さにゃいいんだろうと、みな伏せてありますのや」

湯原さんから聞いた話を思い出す。銀を取るという名目で安部さんから貰った屑フィルムを繋ぎ合わせ、『忠次旅日記』を上映して回った人がいた。

「『忠次旅日記』はもう一本ポジが残ってます。三部作とも良いほうが残ってるはずです。それでも迷惑した話は仰山ありますよ。『忠次』に限らず、千恵蔵さんと山田五十鈴の『瞼の母』もそうです」

稲垣浩監督『番場の忠太郎 瞼の母』のことで、片岡千恵蔵プロの一九三一年作品。

「あれは本願寺さんが持ってはりましてね、もう要らんさかいにあげるわ言うてくれはった。で、コピーしたら、何やおかしなことに」

つぎつぎコピーされ、いまや各方面にありますわ、と湯原さん。安井さんのプラネット映画資料図書館にもある。

「もう煩いですわ。損とか得とかでなしに」

安部さんは眉をひそめて言う。いろいろ迷惑したことを思い出したのだろう。

また湯原さんの話を思い出して訊く。『八荒流騎隊』のフィルムを貸し出したのは例外なのだろうか。

「あれはまあ、ああいう何やさかい、顔つなぎで出したんです。『八荒流騎隊』はネガがあるし。出さないという原則を崩したら、キリがない。閉めたらもう絶対出さん」

湯原さんが突然、わたしに、新聞に「幻の映画を見る会の会員を募る」という広告を出して、ただし一回限りの会にするのはどうでしょう、と持ちかける。

と、安部さんが急いで言う。

「うちのを当てにして、そういうことは、いまの段階ではちょっと待ってくださいよ。余所のはよろしいで。うちのを当てにせんといてください。何でかと言うと、その暇がない。せんならんことが山のようにあって、映画みたいなもの……と言うと悪いけど、そんなもん物の数やないんですわ。まだまだもっと、せんならんことがあるんですわ」

いや、それにしても、さきほどのリストには、何としても見せてほしいフィルムがありすぎるほどある、とわたしは言い募る。

「それは見せるもんじゃないんで、幻のままでよいのと違いますか。というのは、撮影方法でも何でも、よろず現代のほうが優れてますよ。昔のカーボンライトを焚いたようなもんでなしに、現代は撮影技術が発達して、影も少ない。あれは名作やとか言わはるけど、いまの目からみたら大したことやない、とわたしは思います。昭和七年から九年ぐらいにかけては、ある面ではトーキーに喰うか喰われるかですわ。だから意気込みも違います。われわれからすれば、そのイメージを壊したくないんですわ。上映したら、何だ、こんなもんか、と。見せなければ、あれは良かったと、いつまで経っても、その気持が残りますわな。〝瞼の母〟やないけど。それで良いのとちがいますか」

強引な論法に、一瞬、なるほどと思いかける。

安部さんの見せない主義を象徴する一本の映画がある。

『アリラン』。一九二六年、日本統治下の朝鮮で製作された映画で、監督・主演は羅雲奎、製作は朝鮮キネマ。

さきほどは言及しなかったが、安部さんの所蔵リストには載っている。すぐ横に『闇光』という題名もある。一九二五年の朝鮮キネマ作品で、監督は王必烈。

「『アリラン』は、何とか手に入れようと韓国と北朝鮮の両方から来ます。だけど、絶対出しません。南北合併すればまた別の問題になりますけど、南は南、北は北、おのおので来ますから、われわれが巻き添え喰ったらどうもならん」

その当時の北朝鮮の最高指導者、金正日は、大の映画ファンだから、当然『アリラン』を手に入れるため、安部さんに強力な申し入れがあったのではなかろうか。

「それはもう何遍も。十五年来の往来でんねん。十五年前から何人も人が代わってお見えになってますのや。非合法なことをするんやったら、火を点けて燃やしてしまうぞ、というとこまでいったんですわ」

安部さんはそう言って、ホホホと笑う。

「それは向こうもよう知ってはりまっさかい、それ以上はもう……。向こうも紳士的にやってはります」

ほかの国からも来たのではなかろうか。

「アメリカからも来てますし、中国からも来てます。こないだなんか満映のものを出してくれ言うてね。満映のものは仰山あるんです。35ミリも16ミリに焼き写したものも。まだ試写が終ってないから書いてませんけど。どこの国の人にも言うのは一緒ですわ。時期が来たらお出ししましょう、いまはお出しする時期やないから、お待ちく

『アリラン』の広告　「キネマ旬報」1926年（大15）12月11日号

ださい、と。十年先か百年先か、それは知りませんよ」

ホホホと笑ったあと、続ける。

「それはもう外交的なことで、言質とられんようにちゃんとしてあります。こういう文化関係でいざこざが起きたらいけませんから、そこは塩梅しとかないけませんし。またたしかに天災地変ちゅうこともありますから、日本だけに置いとくもんでもない。向こうのライブラリーもありますから、そこで保管されるのも一策です。それを断わるんじゃないんです。ただその基本に横たわるものは、必ず政治的な争いがあるんですわ。それに巻き込まれんように……。政府のほうからもその意見はありますのや」

たとえば満映の場合、もともと日本が中国を侵略して設立した会社だから、満映作品には歴史的経緯が絡む。

「ええ、そうです。だから、フィルムを提供することによって、帰属がどちらになるかということ。また、向こうには日本とちょっと違う解釈があって、記録として残したいということ

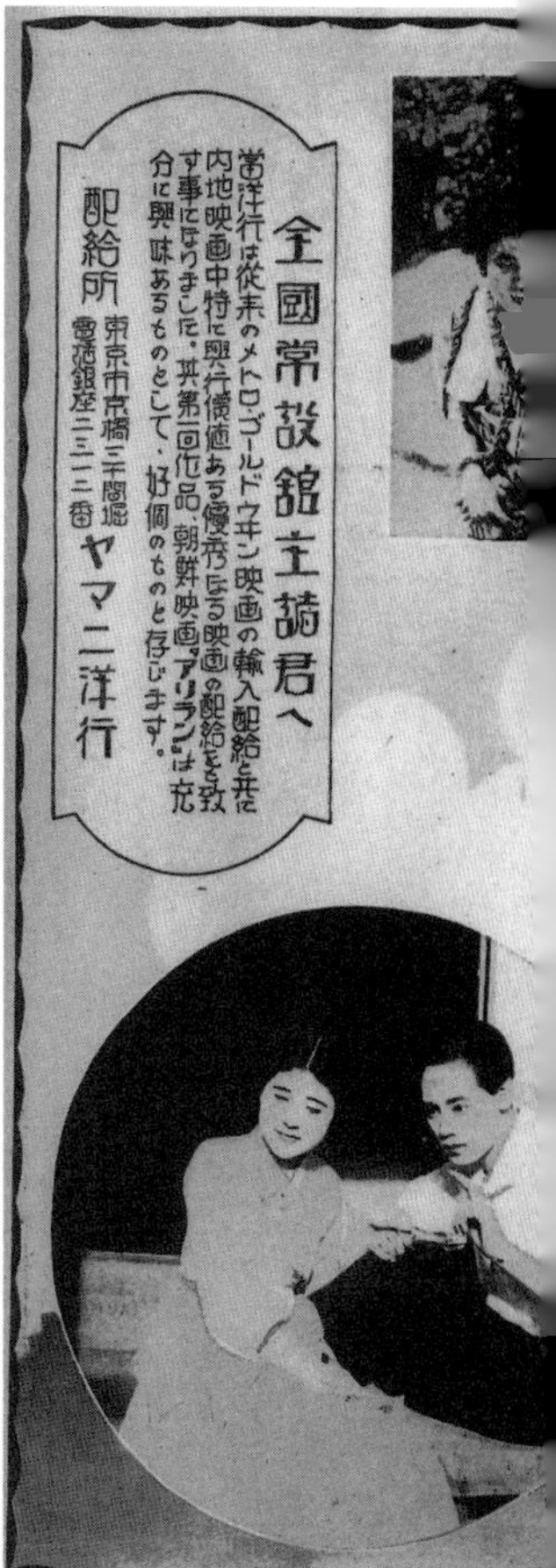

が第一条件ですが、やっぱり現地に対する報償というんですか、そういうものも含めて要求されるような羽目になったらいけませんからな。満映のシャシンは、ものにもよりますけれど、一種の宣撫工作の延長です。だから、今日、それを上映することによって民族の融和ということに反する場合も、内容によっては無きにしもあらずなんですわ。だから、そんなもんを公開すること自体が、いまは時期尚早ではないか、と。出しさえせにゃええわけなんです」

安部さんの断固たる原則は、まちがいなく戦中派の生き残りということと結びついているのであろう。

「いま北朝鮮が騒いでるのは『隣人愛の麗容』という映画なんです。向こうの人が来て試写を見たから。これは当時のもんでは百本に一本あるかないかの映画で、朝鮮人が日本人を世話したという内容やから、えらい感激されたんですわ」

試写のことは何度も出てくるが、場所はどこなのか。

「ここでやってますねん。向こうの人がここで見やはったんです」

では、安部さんはここで試写を見せることもあるのか。

「あります、あります。あんまりやかましゅう言わはるもんでっさかいな」

ぜひわたしにも見せてくださいと即座に頼み込む。

「あんなもん、一般に見せるもんじゃないですけど。ま、十五年も待たはって……。だけど

『アリラン』はちょっと具合が悪いですわな」

ここは昭和の化け物屋敷ですわ

所蔵フィルムについていろいろ訊きつつ、話は結局、ぜひ見せてほしい、断固見せませんの堂々巡りになってゆく。そこで長いインタビューの終りに、膨大な各種所蔵品の保管について訊くことにする。

「あちこちですわ。家が仰山ありますから。故郷の島根にも直属の倉庫があって置いてます。近江八幡にも」

そこへしょっちゅう行くのだろうか。

「いやあ、滅多に行かんですわ。もう置きっぱなし」

でも、見て回らなければ泥棒も入るのでは、と言うと、安部さんは笑う。

「盗人《ぬすっと》ですか。盗人はもうしようがないですわ。ここでもよう入るんです。鍵なんか掛けたことないから。何か盗まれても、台帳がありますんで、それはわかります。だけど、誰かが持ってたら、それでよろしいがな。これは俺のもんや言うたって、めったに持って死にゃしませんがな」

ゴリゴリの堅物かと思いきや、まるで豪放磊落な物言いに、わたしは一瞬、ぽかんとなったあと、また訪問していいですかと訊いてみる。

「そんなもん、気楽においでください。何も難しいことはないのやさかい。昔から大きな話ちゅうのは法螺と決まったもんです。ところが万に一つ、こういう変なのがおるんですわ。ここは昭和の化け物屋敷ですわ」

安部さんはそう言って、嬉しそうに笑う。


わたしは突然の訪問と長居を詫びたあと、安部家を辞した。そして、なるほど、湯原さんならずとも、尻尾の有無を確かめたくなるか、と思う。

安部さんの家は、廃線沿いのプラットホームと地続きのところに建っている。かつての駅舎であろうか。そういえば、長居の途中に行ったトイレは、プラットホームの中頃の裏手にあり、明らかに古い駅の便所以外のなにものでもない。ただし、駅舎にしては奥行きがある。所蔵品の増加に伴い、駅舎の後ろに建て増ししたのか。

家の横、トンネル跡の近くには、鳥居があり、白龍神社への坂が見える。すぐ近くの石切神社といい、地霊の高い場所にちがいない。

安部家の住所は東大阪市日下町。プラットホームは何という駅の跡なのかと思っていたが、あとで調べてわかった。かつて近鉄は大阪府から奈良県へかけて、石切駅→鷲尾トンネル→孔《く》舎衛坂駅《さえざかえき》→生駒トンネル→生駒駅となっていたが、車輌の大型化に合わせて、一九六四年、生駒トンネルの南に線路を移し、幅の広い新トンネルが開通した。それが現在の新生駒トンネルで、そのとき鷲尾トンネルは閉鎖され、その近くに石切駅が移り、孔舎衛坂駅は廃止された。その後、別の路線がつくられ、新石切駅が生まれている。

この経緯からすれば、安部さんの家はその孔舎衛坂駅の駅舎で、向こうに見えるのは鷲尾トンネルの跡の一部だと思われる。また、わたしが幼時、石切神社へ詣でるために降り立ったのは、旧石切駅ということになる。

映画生誕百年祭へ向けて
……生駒詣で一九九三年

新緑の生駒詣でのあと、一年、二年と月日が経つあいだも、安部善重さんのことがいつも気になり、何か再訪するきっかけはないものかと心の隅で思いつづけた。

一九九三年、絶好の機会が見つかる。第四章で少し触れたが、リュミエール兄弟がシネマトグラフを発明した一八九五年から百年後の一九九五年、世界各地で映画生誕を祝う催しが企画されることになり、日本でも蓮實重彦さんを委員長に映画生誕百年祭実行委員会が生まれ、わたしも委員になったのである。

ぜひ安部さんに会いに行こう。そして、「幻の映画」のフィルムを一本でも貸してくださいと懇願しよう。強固な見せない主義はよくよく承知しているが、映画生誕百年祭という世紀の催しなのだから、特例中の特例として、承諾してもらえるのではないか。

そんな虫がいい考えには、じつは裏づけがあった。この間、珍しい一本のフィルムが安部さんのコレクションから貸し出されており、安部さんへのインタビューのなかで話題になるにちがいないと確信していたのである。

そんなあれこれを蓮實さんに伝え、わたしは二度目の生駒詣でにとりかかる。まず、例によって安井喜雄さんに意図を話し、湯原信男さんにも伝えてもらうと、お二人も大賛成で、同行してくださると言う。前と同じ顔ぶれだから心強い。今回はそこに、もう一人加わる。映画生誕百年祭実行委員会の事務局を務めるのは朝日新聞社文化企画局で、記者の岡田健三さんも同行する。

かくして一九九三年十一月、新四人組は安部さん宅を訪れた。

安部さんは再訪を笑顔で応じてくださる。前回よりさらにモノが堆く積まれたなかを奥の部屋へ通され、挨拶もそこそこに話の核心に入る。

岡田さんが映画生誕百年祭について詳しく説明し、失われたと思われていた日本映画のフィルムを貸してもらって上映したいと話す。

安部さんは即座に言う。

「ご趣旨ははなはだ結構で、われわれも出来るだけ協力は惜しまんのですけど、出発点がそもそも違いますのや。わたしのほうは見せるためにあるんやなくて、これは集めるための機関ですのでね。だから、第一番が、共通の土俵というものがでけるかでけんかが問題ですのや。わたしらのメンバーは公開ということはいっさい考えずに、集めるということでやってますんで、おたくさんのほうと趣旨が違いますのでなあ」

いきなり断固見せない主義にぶつかり、岡田さんは二の句が継げない。わたしは「機関」とか「メンバー」という言葉を初めて聞いて驚く。

安部さんがさらに言う。

「眼目になるのは経費の問題です。これはどういうふうに解決されるんですか」

どういう経費でしょうか、と岡田さん。

「まずわたしとこは会員制になってます。手近なところでは、例の朝鮮映画の一件ですねん。これで申し上げれば、まず機会均等、自由平等ですわ。誰にも大小なしに、同じ条件でないといけません。だいたい決まりがあるんですわ。映画のフィルムにつきましては、映像機器を提供してもらうというのが先決問題なんです。映写機、撮影機、それからビデオカメラ。そのうえで、フィルムが出て、すべて揃いましたら、複数の希望者があるわけで、数が多ければ、負担が少ないし、安うなる。だから、さっきの映画なんかは、在日と北朝鮮と韓国と、三者が平等に分配したわけですわ」

それは『隣人愛』のことですか、とわたしは尋ね、そうですと安部さん。今回の再訪を決める前、虫がいい考えの裏づけにしたフィルムの話がやはり出た。

『隣人愛』は日本統治下の朝鮮映画で、製作は一九二九年頃。監督は岡崎蓮司とあるが朝鮮人の日本名と思われる。朝鮮の農民夫婦が亡くなった日本人夫婦の赤ん坊を我が子のように育てるという話で、朝鮮では上映禁止になるが、日本では一九三四年に『隣人愛の麗容』という題名で公開された。前回の訪問のとき、安部さんがこの題名に触れていた。

そんな映画のフィルムが一九九一年、安部さんから貸し出され、大阪で上映会が催された。わたしは新聞でそのニュースを読み、こんなことがあるのだと心を強くしていたから、映画生誕百年記念ならば、と思ったのである。

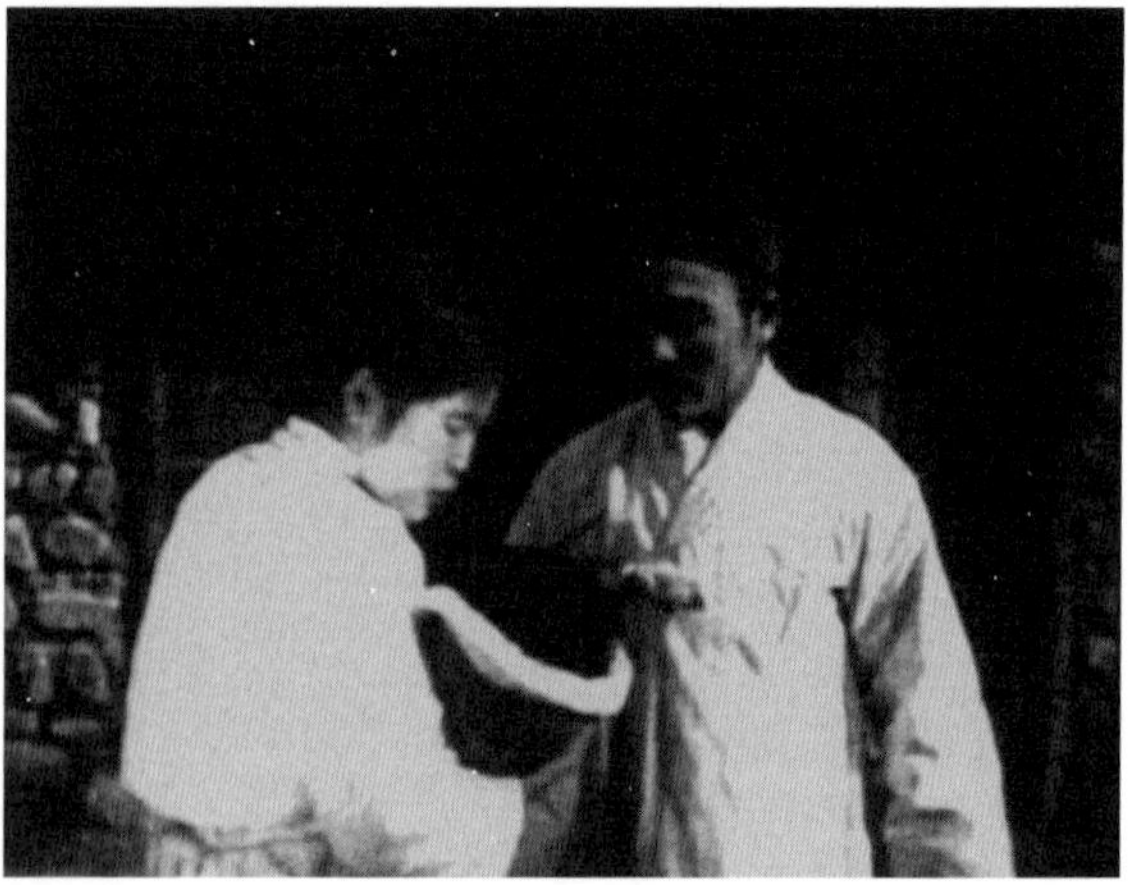
『隣人愛』

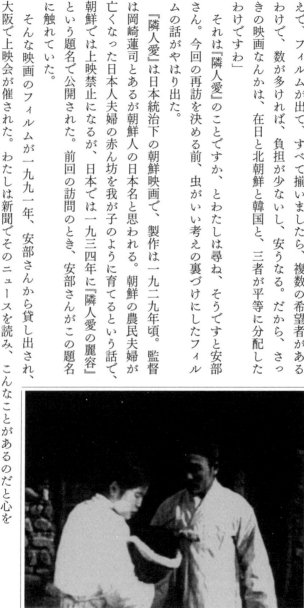

安部さんは近くのカメラ三台をつぎつぎ指差し、三者がそれぞれに持ち込んだカメラだと説明したあと、続ける。

「まあそういうことで、共通の土俵というものが要りますねん。何も強欲で取り上げたのと違います。趣旨はここでつくるちゅうことなんですわ。ここで映して、それのコピーを三者が面々つくって持って帰る。そしたら早いとか遅いとか、その問題はないんですわ。先にもろたとか後やったとか言われて、いつでも揉めますねん。そやから、とにかく自分のものは自分でつくれ、と。そうすりゃ上手も下手もない。だから、まずそういう設備を持ってくるちゅうことですのや。それをしときませんと、あとで揉めたらかないません」

ここで映すというのが、どういうことか腑に落ちないまま、わたしは『隣人愛』のような映画がどれくらいあるのかと訊く。

「旧朝鮮映画ですな。まだリストに挙がってないものもあるけど、総動員すりゃ、五十本ぐらいありますす。ただ、渡すルートは決まってますねん。だから、お分けすることは出来ません。在日、北朝鮮、韓国と、窓口がもう決まってますのや」

そのなかには『アリラン』も入っているのだろうか。

「入ってます。いまから三十年ほど前から、もうちゃんと話が決まっているんです」

ええっ、三十年も前からですか、とわたしは驚く。

「そうです。だから、『アリラン』はもういっさい思わんといてください。配給の窓口は決まっていて、それから先はその方々のことですわ」

配給とはフィルムを渡すということかと念のために訊く。

「いやいや、複製しやはるわけです。貸しはしません。ここで複製する」

ここで映して、コピーをつくって持って帰る。その意味がやっとわかる。

「外に出したら、いままで戻ってきたことがないんですわ。みな鉄砲玉ですねん。だからフィルムは絶対に出さん、ということに」

それにしても、フィルムは現像所を通さないで完全な複製が出来るものだろうか。

「なんぼでも出来ます。技術的に。そんなもんビデオカメラで撮ったらいちばん早いんです」

映写してビデオカメラで撮った映像は画質が良くないのでは？

「そんなことはあらしません。良くないとしたらカメラが悪いのと違いますか」

横から湯原さんが、ここにはフィルムから直に撮る機械があって、わたし、安部さんが自分でやられるのを見せてもらいましたな、と言う。聞いてわたしは、安部さんが大学で研究機関に属していたことを思い出した。

「ただね、こういうもんは際限がないんですわ。ひとつ出しゃね、満足するということがない。恵比寿さんは鯛を一匹持ってはりますねん。あれが満足の境地で、二匹持った恵比寿さんなど、あらしません。もう人間は欲どおしいから、一つ出しゃ、またつぎ、また、となって、どうもならんのですわ。だから、昭和二十五年から以後は、フィルム関係は絶対に世の中に出していません。それまでに、まあ娯楽がないとき、貸してくれ、貸してくれということで出したのは、ひとつも戻ってきませんのや。で、とにかく出しさえせにゃええのやから、戸を全部閉めましたんや。まあネガがありまっさかいに」

そんな難関を突破して『隣人愛』のコピーが三本生まれたわけだが、では、それをまたコピーすることもありうるのでは、と訊く。

「いやいや、それは相成らんのです。一札とってあります。将来は知りませんけど、現在の朝鮮は北と南に分かれてますわ。だから、北のものを南へ持ち込んではいかん、南のものを北へ持ち込んでもいかん。それから在日の人は、それを韓国や北朝鮮へ持っていっちゃいかん。これは堅い誓約が入ってます。違反した場合には没収のうえ、賠償と」

戦争未亡人のためにフィルムを集めた

話題を転じて、「メンバー」というのは安部さんのコレクションを支えている人のことかと尋ねる。

「そうです、そうです。それはもう長年の、かなりの人数ですのや。わたしが集めるのと違いますし、わたしひとりでは、とてもこんなもん出来るもんやあらしません」

メンバーになる資格はあるのだろうか。

「何もあらしませんねん。ただ第一条件として協力してもらわないかん。集めることに協力してもらうのが大前提です」

そこで、例えば切手集めに協力したメンバーが『忠次旅日記』を見たいと申し出られることはあると思われる。

「それは大いにあります。でも見せません。それはもうみんな了解済みですから、個人の自由にはならんわけです。集めることのメンバーなんで、もう亡くなられた方も仰山あります。概略を言いますと、戦前はだいたいうちの親類ですのや。それから戦後は、戦争未亡人の娯楽のためにフィルムを集めとこう、と。その当時のメンバー、いまはほとんど亡くなられましたけど、一人五十本なら五十本、百本なら百本という式で集めてきやはったわけですわ」

前回、医者だったお父さんがフィルムを集めたという話を聞いた。

「親父のは親父ので別にありますが、戦前のものです。戦前では、うちの母親の関係で集まったものもあって、わたしは全然知らん人たちですし、とにかく持ってきやはったから保管しとくだけです」

戦争未亡人と映画との関係は、わたしにも覚えがある。夫を戦病死で亡くした母親が、楽しみで映画館へ行くのに幼いわたしを連れていった。

「映画がもう唯一の娯楽でね。いまのようなテレビとかビデオとか、そんなもんまだ無い時代ですから。カツドウでも映して、みんな寄って楽しもうや、と、そういうことでしたんや。それが戦後のフィルムを集める原動力ですねん」

どういう人が集めたのだろう。

「大阪の新世界にいやはりました。映画館をお持ちでね」

ああ、と湯原さんがすぐ応じる。わたし、知ってます、女性ばっかりで映画館をやっていた小母さんですわ、と。

安部さんが、映画生誕百年祭にこだわる岡田さんに言う。

「おたくさんは朝日やから、ちょうどええ。あれは朝日新聞社がおつくりになった映画ですねん。『父よあなたは強かった』。大丸の戦争展であれをやったら、いっこうに文句が出ませんし、えらい好評で。ポジもネガもうちにありますねん」

この話には岡田さんが驚いた。大阪・心斎橋の大丸百貨店での戦争展は読売新聞社の主催である。わたしは『父よあなたは強かった』という題名を知っていたから、あれは朝日新聞社の作品なのかなあ、と思う。あとで調べたら、一九三九年三月封切の松竹作品で、監督は原研吉、主演は人気の子役二人。朝日新聞社の製作ではない。ただし、『父よあなたは強かった』はもともと朝日新聞社が公募した戦時歌謡の曲名で、一九三九年一月にレコードが出てヒットするとともに、数人の歌手がその曲を歌うドキュメンタリー映画も朝日新聞社でつくられた。安部さんが戦争展に貸し出したのはそれだろう。

岡田さんが困惑していると、安部さんが別件を持ち出す。

「ここで押し問答してるよりも、おたくさんが朝日テレビで捜さはるのがいちばん早いんですわ。『日本この100年』のとき、うちのフィルムを出してあげたから、複製してはるはずですねん」

朝日放送のあの特別番組ですか、と岡田さん。

「そうです。明治百年のとき、フィルムを缶ごと持って帰りはったんです。複製して、また戻さはったんで、フィルムは傷みも何もせず、缶が綺麗になった」

明治元年から百年目の一九六七年、朝日放送が「日本この100年」という番組をシリーズでつくり、安部さんがフィルムを貸し出したというのである。朝日放送は朝日新聞社と関連があるから、岡田さんは意表をつかれて困惑を深める。いっぽうわたしは、ああ、安部さんもフィルムを貸し出すことがあるんだ、と意を強くする。

そこで、このうちの一本でも二本でも映画生誕百年祭で上映したいと選び出した監督別の作品リストがあるんですが、と、安部さんに言う。

「それはお聞きしとくほうがええんですわ。捜すのに都合がよろしい」

即答に嬉しくなり、リストを示す。（＊印以降は予備）

山中貞雄………①『磯の源太　抱寝の長脇差』一九三二年　②『小判しぐれ』三二年　③『盤嶽の一生』三三年　④『鼠小僧次郎吉』（三部作）三三年　⑤『国定忠治』三五年　＊『街の入墨者』三五年、『風流活人剣』三四年、『雁太郎街道』三四年

小津安二郎……①『美人哀愁』三一年　②『懺悔の刃』二七年　③『若人の夢』二八年　④『カボチャ』二八年　⑤『お嬢さん』三〇年　＊『会社員生活』二九年、『結婚学入門』三〇年、『また逢ふ日まで』三二年

マキノ正博……①『浪人街　第一話』二八年　②『崇禅寺馬場』二八年　③『蹴合鶏』二八年　④『首の座』二九年　⑤『白夜の饗宴』三二年　＊『浪人街』三九年、『酔いどれ八万騎』五一年、『お艶殺し』五一年

溝口健二………①『狂恋の女師匠』二六年　②『紙人形春の囁き』二六年　③『愛に甦へる日』二三年　④『血と霊』二三年　⑤『浪花女』四〇年　＊『都会交響楽』二九年、『霧の港』二三年、『唐人お吉』三〇年

伊藤大輔………①『忠次旅日記　甲州殺陣篇』二七年　②『忠次旅日記　信州血笑篇』二七年

③『忠次旅日記　御用篇』二七年　④『新版大岡政談　第一篇』二八年　⑤『新版大岡政談　第二篇』二八年　⑥『新版大岡政談　解決篇』二八年　＊『斬人斬馬剣』二九年、『素浪人忠弥』三〇年、『興亡新撰組』三〇年

安部さんは隅から隅まで目を走らせる。

「なるほど。うまいこと出りゃよろしいけどな。わたしのとこも何でもあるわけやないから。そういえば、こないだやってきて捜してはった、この前の……」

歌舞伎のやつですか、大工が妻をもろうて心配で仕事に行かれへんという話、と湯原さん。

「そうそう、『当世新世帯』。喜劇ですな」

どなたかがそれを捜しに来たのですか、とわたしが訊く。

「ええ、随分捜してましたで。あったとか言うてましたけどな。あれは面白いシャシンでっせ」

湯原さんが訪れたとき、フィルム捜しに遭遇したらしい。そのとき面白いと話題になった映画について、安部さんとの掛け合いが続く。一九二七年の『当世新世帯』のほか、二九年の『不滅親鸞　時代篇　現代篇』、さらに古い二二年の吉野二郎監督による松竹作品『番町皿屋敷』など。いずれも貴重な珍品である。

いまの話からして、やはり安部さんはフィルムを貸し出すことがある。

わたしは希望作品に話を戻し、つぎつぎ質問を重ねる。そのやりとりを記そう。

……フィルムを捜すのはここですか。

「別のとこですのや。ここにあれば、わけないいんですけど。転宅で、どこへ捩じ込んだのか。『アリラン』も一緒ですねん。困りますねんわ。そうそう、上に35ミリのリストがみなで五冊ほどあるんです、ごっついのが。あのリストを降ろさなきゃ真偽のほどは言えませんわ。わたしも歳いって記憶がもうあきませんねん」

……何か出来ることがあれば手伝いますが。

「いやあ、まあ無理でしょうな。見当をつけることが第一番ですわ」

……上のリストを見たら見当がつくんですね。

「いやいや、わたしはあきませんねん。持ち主が言うんでっさかい間違いおまへん」

……どこにあるかわからないんですか。

「わかりませんねん。ですから、これらが出るか出んか、いまの段階では何ともよう言いませんわ」

……目鼻がつくのはいつ頃でしょうか。

「年内はもうあきませんわ。これから寒うなるさかい、また神経痛が出たらあかんし。お正月のときにでも、あちこち行って蔵を調べますわ。蔵は親類の者が管理しとってくれますが、わたしがせなんだら、どこも蔵を開けることが出来ませんのでな。開けても、骨董品が問題ですねん」

……骨董品が一緒に入れてあるんですか。

「フィルムだけ置いとったらいとも簡単ですけど、そやないんですわ。葛籠《つづら》やら長持やらに、古文書とかもみな一緒に入れてありますから。それで、誰かひとを入れるということが出来ませんのや。親類の者でも開封することは出来まへんのやわ。わたしが帰らんといかん、そういう取り決めです。そやから手伝うてもらうちゅうことが出来んのですわ。わたしとこのいちばんの難物はそれですのや」

話は振り出しに戻ったわけで、わたしも岡田さんも返す言葉がない。

安部さんがそんな二人を見て続ける。

見せるためではなく、主体は集めること

「もともと見せるようになってませんから。とにかく集めることが主体なんでっさかい。われわれのつぎの世代か、そのつぎの世代ぐらいなら、あるいは公表になるかもわかりませんけどな。例の映像資料館、ああいうもんが出来れば、そっちにみな移しますから、皆さん方に良いと思いますねんわ」

ＮＨＫなどによる映像資料館のことは聞いたことがある。

「大阪府や大阪市、ＮＨＫが一緒のもんで、話は進んでますのや」

安部さんはそこにコレクションを預けるのだろうか。

「ええ、そこへ全部置くわけですわ。それでまた、同じものを複製して国立近代美術館へも送りますからな。京都へも送るし、日本の何か所かに置いておけば、一か所がダメになっても、ほかでいけるし」

安部さんとしては東京国立近代美術館フィルムセンターや京都のフィルムライブラリーなど、具体的な場所が想定されていることが判るが、いつ実現するのだろう。

雑談が続くうち、湯原さんが安部さんに訊く。こないだ、時事通信で和歌山県へＶＴＲ担いで行くとおっしゃってたでしょう、あれは何をなさっているんですか、と。

「県勢調査。もう終りましたわ。本宮から熊野川、それから新宮、勝浦、古座、串本、それだけ回ってきまして、夕べ帰ってきたところですのや」

安部さんがご自分で撮るんですか、とわたし。

「ええ、そうです。カメラ担いで行きますねん。それはついでで、あれは和歌山県の県勢調査ですねん。高齢者とか過疎とかの問題がありますので。わたしはお手伝いで、官費旅行が出来るだけですわ。それも日帰りですさかい。泊まってくれと向こうはんはやかましく言わはるんですけど、わたしは日帰りしかしません。なかなかいい景色がありますから観光ですわ」

和歌山といえば、と湯原さんが話題を移す。最初にここへ来たとき、山の中でお化けに会《お》うた話を聞きましたが、あれは事実ですか、と。

すると、安部さんが、その話を詳細に語ってくれる。夜中、峠の茶屋で、材木を積んだトラックの運転手を見かけたところ、あとで、そんな茶店は存在しないと聞いたという。その話しっぷりの楽しそうなこと！

「ひとりなら錯覚ちゅうこともありますけど、三人連れでしたから、何か不思議なことでした。めったに化け物なんちゅうのは信用しまへんけどな。ここでも、しかし、ときどき発生するんですわ。ここの市役所の、いまはもう退職した衛生課の課長が遊びに来はったとき、ここに坐ってはりましてん。そしたら、〝あれ、いま、何が走ったんや〟と言わはるんです。〝何も走らへんがな〟〝いいや、そんなことあらへん。わしの前を、こんなもんが向こうへ走った〟と言わはりますねん」

それは錯覚らしいが、安部さん宅には生き物がいろいろ住み着いているという。二メートル半ほどの蛇は、夕立のような音をさせて走り、積まれたモノのあいだを捜し物をしていた人の顔を尻尾で叩いたことがある。顔が兎みたいな大きな鼠もいて、安部さんの愛猫と仲が良く、外で戯れ合う。狸や狐もくるという。そういえば、猫のほか犬も飼っているから、安部さんは旅に出ても日帰りしかしない。

話題がフィルムのことからどんどん遠ざかるなか、わたしは岡田さんに目配せして、ぜひ蔵の調査をお願いしますと伝え、二回目の訪問を終えた。

安部家を出て、不思議な家を振り返った瞬間、「昭和の化け物屋敷」という前回の安部さんの言葉が脳裡に浮かび上がる。


それから一か月もしないうち、岡田さんから手紙が届く。朝日放送の特別番組「日本この100年」の当時の担当者に取材したことについての報告である。さすが新聞記者だと感心するが、内容は安部さんから借り出したのは主にニュースドキュメンタリーのフィルムだったという。やはりそうかと納得するしかない。

さらに一九九三年十二月、岡田さんから一通の文書のコピーが送られてくる。安部さんの家が近畿日本鉄道の廃線の横にあり、明らかに近鉄の所有地だろうと考え、岡田さんは近鉄に安部さんとの関係を問うた。文書は近鉄広報室次長の返答で、以下のことが記されている。元孔舎衛坂駅構内に住む安部さんと近鉄は土地賃貸借契約を結んでいること、伏見桃山城の展示物として古い映写機やフィルムなどを何度か借用したこと、安部さんは近鉄の株主名簿にないこと。取りつく島がないわけだが、こんな調査はわたしに出来ることではなく、岡田さんのフットワークを心強く思った。

軍事目的でフィルムを集めた
……生駒詣で一九九四年

一九九四年一月、岡田健三さんから手紙が届き、安部善重さんから来た彼宛の年賀ハガキのコピーが同封してある。十一月に安部家を訪問したあと、映画生誕百年祭の事務局として、フィルム調査の経過を年末に尋ねたらしく、ハガキには調査は極寒の期につき当分無理と記されている。まあ、仕方がない、と思っていると、数か月後、朗報が届いた。

安部夫人から岡田さんに電話があり、近くフィルムの試写をするので、山根と一緒に来てはどうか、というのである。電話が先方からあり、しかも試写の報せとは、嬉しいではないか。岡田さんの粘りが実ったということであろう。

かくして一九九四年六月、一緒に安部家を訪れる。

安部さん夫妻がにこやかに出迎え、家の裏手へ案内してくれる。勝手口のようなところから小部屋へ入ると、襖をスクリーンにして試写が始まる。安部さんが16ミリの映写機を操作する。題名は『一太郎やあい』。一九二一年(大正十年)の松竹蒲田のサイレント作品。冒頭が欠落しているが、安部さんによれば、監督は池田義臣で、主演は中川芳江と岩田祐吉。

途中も少し抜けているが、ざっとこんな内容である。

母と少年が労り合いつつ村で貧しく暮らしている。月日が経ち、老いた母と成長した息子の一太郎がどこかから村に戻ってくるが、村での付き合いがないらしく、貧しさに負けまいと励まし合う。朝、母が起きられないと、一太郎が言う。お母さん、疲れが出たのでしょう、寝ていてください、お母さんのぶんもわたしが一所懸命に働きますから。翌日も母は起きられない。一太郎が言う。ご飯を食べないからですよ、ほら、わたしだってこんなに巧くご飯が炊けます。夜、母が息子の眠っているのを見て起き、神棚に手を合わせて祈る。どうかこの子が立派に兵隊さんになるまで、わたしを生かしておいてください。ふと目覚めた一太郎が、母の姿に涙し、手を合わせる。

日露戦争勝利の提灯行列が村を行く。一太郎に召集令状が来て、母が喜ぶ。入隊のため一太郎が母と別れて道を行くと、母が顔を両手で被い立ち竦む。一太郎はそれを見て、家の陰へ。母がそのあとを追う。うしろに息子が現われると、母は何をしているのだと難詰する。画面は一転、港のシーンへ。一太郎たち十数人の兵士が舟に乗り込み、沖の艦船へ向かう。見送りの群衆が岸壁に居並ぶなか、母が叫ぶ。一太郎やあい、しっかりお国のために死ぬのだぞ～！舟の息子が手で応じる。舟が遠ざかってゆく。さらに母が叫ぶ。一太郎やあい、母の声が聞こえたら両手を挙げろ〜！　銃を持った一太郎が両手を高々と挙げる。近くにいたフロックコートに山高帽の紳士たちのひとりが、お母さん、あなたは偉い、あなたのような方がいるから日本は勝つのです、と言う。母の横にいた人が、あれは県知事だと教える。ぼんやりした表情の母で、映画は終る。

以上、ノートにメモしておいた記憶をもとに記したから、字幕による台詞をはじめ細部は正確ではないかもしれない。母が叫ぶくだりは、岸の母と舟の一太郎の姿が切り返しで描かれ、そこが山場だから、かなり長かったように思う。また、港は香川県丸亀であることがわかるようになっていた。

松竹の社史によれば、三巻。わたしが見たのは三十分足らずだろう。松竹蒲田撮影所の設立は一九二〇年（大正九年）ゆえ、松竹最初期の作品で、脚本は伊藤大輔。

見終って、わたしも岡田さんも、きょとんとした感じになる。

安部さんがそれを見て、笑いながら言う。

「これ、35ミリを16ミリに焼き付けたんです、わたしがここで。それがたまたま入り口のところにありましてん。で、出たわあということで、お見せしようと。実話はこうではなく、死ぬんだぞ言うたんじゃないらしいんですけどね、軍国美談ということで、まあ、祀り上げたわけですな。わたしらの教科書には、国語やったか修身やったか、どっちかに載ってましたんや」

日露戦争後、実話に基づく美談が数多く生み出され映画になったことはよく知られているが、それを代表する一本といえる。

安部さんが、このとおり絵葉書にもなってます、と示した絵葉書には、一太郎のモデルになった人の写真が載っている。小説、浪曲、義太夫などにもなったという。

「これが大正十年で、大正十二年に例の関東大震災ですわ。で、フィルムは京都に送った分が残ってまして、いまのはそれがこっちに来たもんです」

一九二三年九月一日の関東大震災で、蒲田撮影所も甚だしく被災し、従業員は京都の下加茂撮影所へ移った。

「この16ミリは昭和十六年か十七年ぐらいにプリントしたんですわ。当時のフィルムですから、ボキボキで、まあ切れんだけ、ましです。映すとき、注意せんと、すぐ切れますのや。回転数はもうちょっと遅いはずですねんけどな。そやけど、この映写機ではもうこれで精一杯ですわ」

聞いて、わたしは確認する。『一太郎やあい』を35ミリから16ミリに焼き付けたのが昭和十六年か十七年、一九四一年か四二年なんですね、と。

「ええ。あの頃にはフィルムが入手難でしてな。要らんフィルムを洗《あろ》うてですな、感光膜を引き直して、フィルムをこしらえたもんです。いまから思うたら、ほんまに原始的なもんですが、そうしなければ、材料がないんですわ。何でもこしらえないけませんねん」

新しいフィルムを自分でつくるんですか、と思わず問い質す。

「そうです。要らんフィルムを洗って。ここの山ひとつ越えたとこに、洗う専門のところもありましたんで、そこから分けてもらったり。生駒のその会社は、フィルムを洗うて銀膜から銀を回収するのがお仕事ですねん」

そこで、不必要になったフィルムは再利用できる。

「ところがそのフィルムベース自体、ネガ再生品やから傷があるんですわ。擦り傷が。だから、新しいフィルムをつくっても、〝雨〟の降ったのがある。最初からつくるより手軽やからというので、再利用したものですのや。いまのはその残骸ですねん」

たしかに『一太郎やあい』は全篇〝雨〟が降っていた。わたしはそのことより、安部さんが複製をつくった一九四一年か四二年にこだわる。

「軍国華やかなりし時代ですから、何か使い道があるだろうとつくったけど、使い道はなかったゆうことですな。で、あの時代はまだトーキーがわれわれの設備では手に入りませんから、サイレントでやりましたんや。そのかわりフィルムは両目ですから、なんぼか楽です。いまのトーキーフィルム使うたら、片目ですから。パーフォレーションを抜く機械もあるんですけど、そんなもんでやっても、うまいことといくかどうか。で、ほんまに原始的な手回しでやったもんです」

フィルムをあれこれするのが好きなんですね、とわたし。

「それが、まあ楽しみですねん」

安部さんはそう言って嬉しそうに笑う。

つまり、保存するためではないということか。

「全然違いますねん。元々は映画のコレクションのためじゃないんですから。軍事目的が最初ですねん、これは。で、『一太郎』は、そういうことに転用してメチャクチャになってしまうから、とっとこうか、と」

話が思いがけない方向へ移るので、フィルムを集めることと軍事目的がどう関係するのかと訊く。

「それはね、あまり公表は出来ないんですけど……。ご承知のように、銀幕ですわな、ベースが。成分でいえば、臭化銀ですわ。これを化学処理しますと、窒化鉛《ちっかなまり》ってものが出来る。その窒化鉛というのは、ちょっとした衝撃を与えるだけで、ドカンといくんですわ。軽微なもので、大きな力はないんやけど、起爆に使える。その研究の元なんです、フィルムは。それをやってくれというのが、軍部からの委託の条件なんですわ。そやから、もう無制限に、あの時代ですから娯楽映画いうようなものは無用だということで、みな持ち込んできたわけなんです」

昭和十六年、十七年というと、安部さんは学生だった。

「ええ、学生時代です」

前に聞いた話では、京都大学で原子力関連の研究機関に属していた。

「まあ、紙一重ですわ、みんな。窒素には変わった性質がありましてね、まあそういうことから、一番やってやろうと、若かりしときの……阿呆なことをやる、その名残なんですわ、フィルムが大量にあるのは。洋画なんかは敵性国のもんだから、燃やせ、日本の敵だ、それから娯楽映画なんてものは人心が腐敗する元だ、それが軍部の言い分ですわな。だから撮影所も全部提供を命じられて、無くなりましたんや、帳面上は。まあ、幸いにしてわれわれのほうで残ってたものが、まあこうして現存するわけです。当時の陸海軍の情報部から本格的に提供を受けたわけで、材料費は何もかかりませんのや」

その場所はどこだったのだろう。

「前の家のほうです。山ん中ですからな。そらまあどっかで見張りがあるんでしょうから、一般の方は入れないし、何もご存知ないです」

だから兵役免除になったのか。

「でしょうなあ。わたしは直接関わったわけやないから、何も知りませんけど。なにぶん学生やったし、勝たんがために一所懸命ですからね。いまとは全然違いますのやわ、考えも。必勝の信念でやったもんです。そのかわり、われわれの同期はみな特攻隊でね。二百人からおったのが、いまは四、五人しか残っていませんのや」

研究は大学と関係があったのだろうか。

「個人です。下のオジ(伯父か叔父か不明)が職業軍人でして、自分らは第一線に出征するから、まあ残ってやってくれちゅうことですわな。そのへんの経緯はあんまり知りませんけど」

安部さんがフィルムに詳しいのは医者だったお父さんの仕事と関係があるのだろうか。

「親父はね、細菌類の標本を顕微鏡で撮影するんです。それをスライドにして、衛生講話に使ったんですわ。たとえば朝鮮に行ったときなんかは、赤痢とコレラが非常に流行したもんですから。写真でもええんですけど、やっぱり動くものにせなあかんということで、顕微鏡に16ミリの撮影機をつけてやってました。それを手伝うようになって、面白いなというのが、そもそもの始まりですのや」

すると、窒化鉛とお父さんのフィルム集めは関係がない。

「ええ。親父のフィルムコレクションは、そらまた別のものですのや。医者いうのは、貰い物が多いです。特に患者さんが亡くなられたときは、先生、これ故人が大事にしてたもんやけど、お好きやったら持って帰ってくださいちゅうんで貰《もろ》てくるとか。個人の撮影したものなんかは、そういうので増えたんです。で、戦後は、興行師で料理屋の女将をしてはった人などが未亡人のために、これはまあ終戦直後のことで、適当なものを集めましょう、と、カネにあかして掻き集めたものなんです」

安部さんのフィルムコレクションの内実が少し明らかになったので、わたしは前回の訪問で渡した希望作品リストの話を持ち出す。

「暇をみて細々捜してますねんけど、なかなか意地悪いもんでしてな。まあご覧のとおりで、悠長なことですのや。あちこちに分散してあるし、頭と尻尾が同じところにあればよろしいけど、別々のもんが仰山あるんですわ。35ミリの場合は、最低六巻くらいからで、二十巻を超えるのもありますから。まあ待ってください。うまいこと見当たったら、そらもう、お楽しみですわ。ええかげんなこと言うようやけど、それより方法がない。持って死ねるわけやなし、みんなこの世に置いときまんのやさかいに、誰が持ってたってかましませんのや」

柔和な表情でやんわり言われ、わたしも岡田さんも、よろしくお願いしますと応じるしかなかった。

わたしは集めるだけで精一杯です
……生駒詣で二〇〇〇年

映画生誕百年祭実行委員会による上映会が一九九五年から翌九六年にかけていくつか催されたが、安部善重さんからフィルムの提供はなく、前回訪問のときにリストアップした作品群は幻に終った。

安部さんのことはその後も気になっていたが、日々の仕事に追われるなか、わたしの生駒詣では途絶えた。映画生誕百年という節目の過ぎたことが大きい。

二〇〇〇年、大阪での仕事を頼まれたとき、出張に合わせ、安部さんを久しぶりに訪ねてみようと思い立った。日程はこちらの都合で決めるので、事前に連絡せずに行けば、留守かもしれないが、無駄足でもいい。

岡田健三さんにはいちおう知らせておこうと電話をすると、同行したいと言う。映画生誕百年祭実行委員会は解散したから、単なるボランティアになるわけだが、わたしとしては、無駄足になるかもしれないことを承知の相棒の返事が嬉しい。岡田さんはこの間、朝日新聞を退社し、故郷の奈良県へ移り住んでいた。小説執筆が目的で、朝日新聞記者を経て直木賞作家になった父親岡田誠三の影響もあるのだろう。

二〇〇〇年六月、二人で六年ぶりに安部さんのお宅を訪ねた。

家の前にはブルーシートで覆った荷物の小山がいくつも並んでいる。六年前にはなかったから、見た目が一変している。表戸は開くが、中は暗く、声を掛けても返答がない。やはり留守だったかと思っていると、電気メーターの検査員がやってきて、やっと安部さんが姿を見せ、検査員とひとしきりやりとりをする。

そのあと、安部さんはわたしたちを喜んで招じ入れてくれた。屋内は以前に増してモノが溢れ、天井まで堆く積んであり、あいだの隙間を奥へ通ってゆく。三方を荷物の山で囲まれたスペースがあり、三人はそこに折り畳み式の小さな座卓を囲んで坐る。奥さんはどうやら留守らしい。

このときは、出張に合わせ、ほんのご機嫌うかがいに、といったつもりのわたしは、テープレコーダーを持参しなかった。そこで、安部さんから聞いた話を、メモをもとに箇条書きで以下に記す。

……医学の動物実験みたいなもので、実験用の動物をいろいろ飼って使う。医者としては珍しくもない動物のつもりが、たいへん貴重な珍しい動物だと言う人が現われた。フィルムについては、なんかそんな感じでです。わたしにはどのフィルムも同じで、特別なものに見えん。

……フィルムは終戦のとき、料理屋の女将が近畿から西のものを集めた。それをわたしが引き継いだ。

……わたしには野心も名誉欲もない。好い案があれば乗る。しかし、清廉潔白の人はいない。まず分散したらあかん。全部あるから意味がある。つぎに、これを受け継いだら、今後も集まってくるものを引き受けなあかん。これは容易ならざることで、わたしもこんなたいへんなこととは考えもしなかった。

……自分のあと、どうするか、好い案はない。考える余裕もないし、まったく思い浮かばない。いままでいっぱい話はあったが、全部ダメ。初めは好い話でも、すぐ野心が出てくる。自分のところへ取り込もうと。とくに古文書、書画骨董については。

……わたしは集めるだけで精一杯です。あとどうするかは、あとの者が考えてくれるでしょう。

安部さんが奥さんについて、自分より十二歳下だからと思っていたが、病気になって困ったと言う。一年前、卵巣癌がわかったとのこと。やがて奥さんが帰ってきて、同席する。顔色は少し良くないが、元気そうではある。

屋外のブルーシートについて訊くと、各種フィルムや何百本ものビデオとか、毎日、新しいモノが入ってくると言う。トン単位で、目方ですわ、動かすにもまず目方、どこへ置くかも目方、と笑う。中に入らないものを外に積み、自分でブルーシートに包み、ロープで縛ってある。

家には二十五部屋あり、天井裏にもぎっしりだから、一日一部屋ずつ掃除しても、ひと月かかる。そこで、安部さんは言う。いま、家を建て直そうとしている、もっと入るようにブロックを積んで、と。なんと、作業はすべて自分でやるとのこと。

この日は、こちらからお願いしたり催促したりすることのないまま、二時間強、雑談に終始する。安部さん夫婦が、家の前の旧プラットホームに立ち、見送ってくれた。

小津安二郎生誕百年へ向けて
……生駒詣で二〇〇二年

蓮實重彥さんはわたしのフィルムコレクター取材の良き理解者で、何かと助言をしてくれる。そこで、安部善重さんのことは、一九九〇年の最初の訪問以来、逐一報告してきたが、蓮實さんはわたしの話を真に受けず、安部さんが膨大なフィルムを所有していることを信じない。自分も半信半疑ではあるけれども、『隣人愛』や『一太郎やあい』の例もあるから、とわたしが言うと、蓮實さん曰く、それはね、珍品をときどき見せて、山根さんのような人を嬉しがらせて信じさせているんですよ。

相手が蓮實さんだから、なるほど、と思う。そんなことが何度かあった。

そうこうするうち、生駒詣でを思い立ち、蓮實さんに電話でそのことを話した。と、同行させてほしいとの声。わたしはびっくりし、縷々説明した。

安部家へは事前の連絡なしに訪れる。というのは以前、これこれの日時に伺いたいが、ご都合はいかがですか、と手紙を出したら、当日は出かけて居ません、と返事が来た。そのハガキの到来の速いこと。これはダメかと思ったが、土曜日曜とも留守にすることはないらしいと判断し、つぎからはいきなり行くことにしてきた。そこで今回も土曜が空振りになっても日曜は大丈夫だろうと、二日がかりの予定を組んだ。交通費も土曜夜の宿泊費も自分持ちで、二日とも空振りになるかもしれないが、致し方ない。

聞いて蓮實さんは、それでもいいと言う。ならば、ということになり、わたしはホテルを二部屋予約し、岡田健三さんに電話で連絡すると、同行を快諾する。

このとき、わたしなりの思惑があった。翌二〇〇三年は小津安二郎生誕百年に当たるので、何か記念の催しをやりたいと蓮實さんとも話していたのである。映画生誕百年のときは空振りに終ったが、万に一つの可能性に賭ける。蓮實さんもそのことが念頭にあったにちがいない。

二〇〇二年八月三十一日、土曜日。蓮實さんと東京駅で待ち合わせ、新幹線で京都駅へ。昼食を摂ったあと、近鉄に乗り大和西大寺駅で岡田さんと合流し、石切駅へ。

午後二時過ぎ、安部家を訪れると、奥さんが安部さんは留守だと言う。明日は、と訊くと、居ますとの返事なので、翌日の再訪を約束する。

さあ、どうするか。初めての蓮實さんは家の佇まいと周辺、プラットホーム跡や向こうのトンネルの穴などを、面白そうに眺め、わたしがあれこれ解説する。庭にはブルーシートで覆った小山がさらに増えて、入り口近くまでずらりと並んでいる。シートの端から覗くと、石油ストーブやビデオデッキなどが見える。雑草が茫々たるなか、歩き回ると、蚊の攻撃がものすごい。蓮實さんは、そんな入り口付近を嬉しそうに見ている。

石切駅前の喫茶店に腰を落ち着け、石切神社へ行こうと決める。わたしが幼時の石切神社詣でを語ったところ、蓮實さんが興味をもったのである。

すぐ近くに石切神社参道の標があり、それに従って歩いてゆくと、緩い坂の細道がうねうねと蛇行し、いつ果てるともつかない。何十年も昔、こんな道を通ったのか、と懐かしさがこみ上げてくる。細い参道の両側には土産物屋が軒を連ねるなか、そのあいだに、占い専門の店が信じられないほど数多くあって、占いの種類を長い布に記した幟が翩翻とはためき、異彩を放っている。

蓮實さんがその光景に、先日タイに行ったんだけど、あれより遥かに外国ですよ、と感嘆の声を挙げる。いわれてみれば、幟の列はチベットや東南アジアの霊地を思わせる。

石切神社へ参ったあと、近鉄で上本町へ向かい、蓮實さんとわたしが駅前のホテルにチェックインを済ませ、三人でコーヒーを飲む。上本町はわたしが通っていた大学のすぐ近くで、やはり懐かしい。夕食は何にするかと考え、鶴橋へ。コリアン焼肉をたっぷり味わう。岡田さんと別れ、蓮實さんとわたしは上本町へ戻り、ホテルの前でまたコーヒーを飲みながら、おしゃべりを楽しむ。

翌九月一日、日曜日。岡田さんと合流し、石切駅を出るや、蓮實さんがいつの間に買ったのか虫除けクリームを取り出し、三人とも腕や顔に塗ったあと、安部家へ。

安部さんが笑顔で迎えてくれ、わたしが蓮實さんを紹介したあと、さらに狭くなった通路を抜け、ずっと奥の部屋へ案内される。前はもっと手前の部屋に坐ったが、そこもモノの山で埋められている。異様としかいえない屋内を興味深く見渡す蓮實さんの長身が一段と際立つ。奥のスペースもモノで囲まれ、四人が小さな座卓を囲んで坐る。安部さんが三人それぞれに団扇を渡してくれる。少しして奥さんがカルピスの入ったグラスを持ってきて同席する。

話が始まり、わたしが訪問するたびに増えているモノの出どころを訊く。

安部さんがいつもの軽い口調で答える。

「家を建て替えたからと言う人や古道具屋さんから、つぎつぎ来るんですわ。だんだん住居の部分が減ってきますねん。二十五部屋あるんですけど、全部埋まってるから、つぎの部屋に行くのに襖を開けるとき、モノを除けなくては。何があるかは、蔵書家と同じで、積んである順番があって、全部覚えてます。そやから、一つ出すと順番がごちゃごちゃになって困るんですわ」

しかもフィルムだけではなく、巻物とか、多種多様なモノがある。

「それは分類してあります。全部集めたらどれぐらいになるか専門家に計ってもらったことがあって、昭和四十年に倉庫を確保したけど、そこも満杯ですわ。一か所に纏めるのは無理です」

完璧な倉庫があれば、外部に出していいと思っていますか、と蓮實さんが問う。

「わたし、もう八十ですわ。何年かかるやろと思うと、無理です。いままでの行きがかりで寿命の続くかぎり集めます。どないするのやと、よく言われますわ。古道具屋さん、とんでもないものを持ってきますのや。そこのそれ、昔の蔵の鍵です」

拒否はしないのですか、と蓮實さん。

「そら、インチキのものはね。たとえば神武天皇の藁靴とか」

安部さん夫婦も含め、全員が大笑いする。

「本気の顔で持ち込んできやはりますのや。調べるのが大変ですわ。まあ、だいたい年代を調べたらわかります」

傍を見ると、ジグソーパズルの山が以前より高くなっている。

「各メーカーから送ってきて、五千箱くらいあります。上にもありまっしゃろ。その上には狸が住んでますのや。寝るだけで、昼は山へ」

集めたのはフィルムからですか、と岡田さん。

「いやいや、フィルムはずっとあとからで、古いのは本です。本は重くて、畳一枚に二百巻載せたら、約一トンなんで、床が抜けますわ。そやから下に一メートル、コンクリート入れて補強してある。スチールが三十万枚ぐらいあるし、レコードが月に千枚ほど来ます」

盗みにくる人は、と蓮實さん。

「います。持っていかれることもあって、それで出入り差し止めですわ。『アリラン』の取材に来た人が、別の積んであるモノを持っ

蓮實重彦さん、安部善重さん、岡田健三さん

蓮實さん、安部さん、筆者

ていったことがあるし、放送局が持っていったままになることも」

安部さんのことは新聞や週刊誌の記事になっているから、知らない人が来て、留守なので外に置いてあるモノを持っていくこともあるのではなかろうか。

「そんなもん、重たいだけですわ。フィルムについては、日本のコレクターは決まっているから、すぐわかります。時計でも、すぐ足が付きます。特殊なもんは全部そうです」

蓮實さんがフィルムの整理方法について訊く。

「ビデオが月に七百から千本来て、内容を見ます。映画も一回に何十本と目を通さなあかんから、かないまへん。35ミリのネガはテレシネでビデオにして見ますねん。それに16ミリもあって、入った順番にいろんなところに置く。35ミリの場合、可燃性だと消防法の問題があるけど、不燃化するのもフィルム代が掛かります」

費用が大変ですね、と蓮實さん。

「まあ、そんなには。映画のフィルムは買うんです。無料だと、あとで何かと言われますから、そのつど決済しときます。すべてについて、そうしてます。モノを集めるのには五つの法則があるんですわ。一、現金で買う。二、物々交換する。三、権力で取る。四、合理的に譲り受ける。五、盗む。どれかに合えばいいんでね」

ああ、そうなんだ、とわたしは思った。そこで、安部さんはフィルムコレクターではないんですね、と念を押す。

「ええ」

安部さんの返事はそれだけで、いまさら何を訊くのかとのニュアンスが感じられる。実際、わたしはフィルムが安部コレクションの一部にすぎないことを知っているのだから、当然ではある。

安部さんがさっきの続きを話す。

「フィルムは、専門家やったら、すぐ出せるように缶を並べて置いてあるが、ここは違います。前にお話した大丸の戦争展のとき、取り出すのが大変でした。ここには9・5ミリが二百か三百ありますが、近寄るのが難儀ですねん。いつやったか韓国の人が『豆満江を越えて』を捜しに来て、途中でやめはりましたわ」

『豆満江を越えて』は『アリラン』と同じ監督の一九二九年の作品で、『愛を捜して』と改題されて公開された。それが安部さんのところにあるのだろうかと訊くべきだが、わたしは9・5ミリのほうに気を取られる。

そこで訊いた。昭和六年(一九三一年)の松竹映画、小津安二郎の『美人哀愁』はありますか、松竹は自社作品の多くを9・5ミリにして売っていたんです、と。

「どうですかねえ」

返事はそれだけなので、わたしは、蓮實さんと来年の小津安二郎生誕百年に合わせた催しを計画中で、記念上映のフィルムを捜していると話す。

「そうですか。昭和六年ねえ……」

安部さんは少し考えたあと、立ち上がって、天井まで積み重ねてあるモノの中間くらいに挟んであったファイルを取り出し、手渡してくれる。

「九ミリ半を欲しいと東京の人が言うてきたんで、つくったもののリストです」

蓮實さんとわたしは夢中で目を走らせる。あるわあるわ、一九二六年から三〇年代までの名立たる作品が列挙されている。録音のため、わたしは目にした順に題名を読み上げていったが、ここでは監督別に記そう。

小津安二郎……『懺悔の刃』(一九二七)『カボチャ』『引越し夫婦』(以上二八)『宝の山』『会社員生活』『大学は出たけれど』『突貫小僧』(以上二九)『お嬢さん』(三〇)
マキノ正博……『蹴合鶏』(二八)『浪人街』三部作(二八〜二九)『戻橋』『首の座』(以上二九)
池田富保……『尊王攘夷』(二七)『王政復古』(三九)
志波西果……『蛇眼』(二六)
阿部豊……『彼をめぐる五人の女』(二七)

清水宏……『狂恋のマリア』（二七）
衣笠貞之助……『女夫星』（二七）
石田民三……『剣難女難』二部作（二七）
伊藤大輔……『新版大岡政談　第一篇』（二八）
犬塚稔……『闇』（二八）
牛原虚彦……『彼と田園』（二八）
溝口健二……『東京行進曲』（二九）
渡辺邦男……『剣を越えて』（三〇）
成瀬巳喜男……『チャンバラ夫婦』（三〇）

頭がくらくらする。リストをめくる速さに追いつかず、かなりの数の題名を読み落としたと思われる。『美人哀愁』はなかったが、小津作品はデビュー作から何本もあり、まさに「宝の山」ではないか。マキノ作品をはじめ、オールスター作品『尊王攘夷』、阪東妻三郎主演『蛇眼』『闇』、林長二郎主演『女夫星』、大河内傳次郎主演で山田五十鈴のデビュー作『剣を越えて』など、時代劇が多い。

呆然としているわたしたちを余所に、安部さんが静かに言う。

「入ってきた順番にしてあるけど、ここまでするのが大変ですねん。16ミリの生フィルムを入手して、両端を取ると9・5ミリになるんで、35ミリから転写した」

蓮實さんがそわそわと立ち上がり、興奮してトイレにいきたくなったと場所を聞いて座を外す。

安部さんがファイルを受け取って言う。

「35ミリのリストがあれば、詳細が簡単にわかるんですわ。湯原さんとお見えになったとき、お見せしましたな。あれが五冊ある。前はこの奥の部屋にあったんですが、いまは塞がって、二階にあり

右奥にあった安部善重さんの家の跡には雑草が生えていた
2021年、白龍神社は元のまま

ますねん」

すると『美人哀愁』は35ミリがあるかもしれない。そう思った瞬間、わたしは卓上のグラス二つを倒し、奥さんがこぼれたカルピスを拭いてくれる。

それにしても安部家は平屋にしか見えないから、二階とは天井裏のことかと、余計な推測までしながら、わたしは肝心のことを訊く。九ミリ半を欲しいと言ってきた人はどういう方ですか。
「東京の興行関係の人で、愛好者にビデオ販売もしやはる。会員の紹介です。うちに出入りしてる興行師なんで、来年春に全部渡す約束で、数年分だけ九ミリ半にした。それぞれが約四百フィートのダイジェスト版ですわ」
9・5ミリの四百フィートとは何分くらいなのか。あとで安井喜雄さんに訊いたら、約二十分とのこと。松竹などが売り出した9・5ミリも大部分が三十分足らずの短縮版で、物語の内容がわかるように、うまくダイジェストしてある。安部さんは35ミリから転写したと簡単に言ったが、その作業たるや尋常なものではない。
戻って話を聞いていた蓮實さんが、あらためて言う。来年の十二月十二日が小津安二郎の生誕百年目なんです、と。

「おっしゃる趣旨はわかりましたが、さあ、時間が間に合いますかどうか。35ミリを上映なさったほうがいいんですけど、リストの取り出しが大変で。いちばん合理的なのは戦争展みたいなのがあったときに捜すことで、あのときはいろんなものを動かした。二十万点ですからね。『アリラン』ではずいぶん騒がれて引っ掻き回されて、もう大変でしたわ」

いつものことながら話が堂々巡りになってゆく。

「八十になったし、月に三日か四日しか空いた日がないんですけど、何か考えたら連絡しますわ。年内はちょっと無理ですかな。でも、そんな遠い話やないです」

その言葉にすがりつくように、調査と連絡をお願いして、わたしたち三人は安部家を辞去した。

午前十時から二時間半、モノに囲まれて坐っていたわけで、くたくたに疲れているのだが、何か昂揚した気分がする。9・5ミリのリストを見た興奮によるのは間違いない。

すると、蓮實さんが安部家を出て強張った体をほぐすなり、確信的な口調で言った。あの人は持っていますね、と。これまでのわたしの報告をまともには信じなかったが、印象を一変させたのである。

それから三人組がどこで昼食を摂り、どうやって別れたのか、さっぱり覚えていない。

昨年九月の訪問以来、9・5ミリのリストのことが頭から離れない。その後も、蓮實重彦さん、岡田健三さんと電話やFAXでやりとりし、小津安二郎生誕百年に向けて何かフィルムを貸し出してもらえるのではないかとの期待が高まる。

自分が欲しくて集めたものはない
……生駒詣で二〇〇三年

そんななか、二〇〇三年二月、安部善重さんから手紙が届く。ハガキは何度かもらったことがあるが、手紙は初めてなので、何事ならんやと読み、びっくりする。九月の訪問のあと、岡田さんが独りで安部家を訪れ、フィルム貸し出しの条件について細々と問い質したらしく、当方は会員制であること、フィルムは出さないことは、すでに重々ご承知ではないか、と不満が記されている。達筆の丁寧な文章で、あからさまな怒りは感じられないが、心外だとの思いが滲み出ている。

岡田さんの熱心さは十二分にわかるので、わたしは手紙については話さずにおくことにする。ただ、小津安二郎生誕百年のことを思えば、このまま生駒詣でを打ち切るわけにはいかない。あれこれ思案の果てに、少なくとも安部さんから出入り差し止めを申し渡されたわけではないのだから、厚かましく何喰わぬ顔で、いつものように訪問しようと思い立つ。そして、岡田さんに電話し、訪問の日時を決める。

二〇〇三年五月、岡田さんと落ち合い、映画生誕百年のときのように空振りになるかもしれないことを話し合いつつ、石切駅から安部家へ。

安部さんはいつもの笑顔で迎えてくれる。家の外同様、屋内もモノがさらに増え、奥の狭いスペースへ向かう通路は、蟹の横ばいで進むしかない。

話は増えたモノのことから始まる。

「いよいよ満員ですわ。これでもだいぶ減らしたんでっせ。明日また、映写機が七、八台来ますねん。そのほか、変なものがようけ増えて、どないもこないもなりまへん。もうこれは死ぬまでですわ。処分するということはないでっさかいね」

どう見ても限界ですね、とわたし。

「けどまあ、ある程度ここへ入れて、纏めて、それから各々のところへ送ります。みな倉庫がありまっさかい、順番に詰めていきますのや。それでも限度がありますわ。減るいうことはないから。その代わり、良い悪いを言わなんだら、何でもあります。化け物屋敷ですわ」

そう言って屈託なく笑う安部さんに訊く。持ち込まれるものがすでにあるものと同じ場合、要らないと言うことはあるのだろうか。

「仰山あります。それはもう断わるだけですわ。ダブったもんはね。まず最初にリストを送ってもろて、これとこれとなら引き受けようとか、この口は全部ダブってるから結構やとかね。お断わりするほうが多いんですわ、この頃は。それでも増える。諸事百般でっさかい、そらもう」

傍にベータのビデオカセットが山積みになっているのを見て、これ、何か録画して使ったものですね、と確認する。

「ええ、そうです。テープはまた消して使えますからな。ベータのテープ自体、数が減りましたから。ベータのデッキだけで千台ぐらいあります」

ちゃんと動くのだろうかと心配になる。

「いや、ダメなものもあります。修理すれば、まあ、いけると思いますけど。カメラでもそうですわ。皆々完全品ちゅうわけにはいきまへん。けど、何台か寄せてやれば、てなことですわ。それは家で暇見てやりますから」

ここで小津安二郎生誕百年の件を話し、上映フィルムの貸し出しについてあらためて訊く。

「わたしらは会員制になってますねん。だいたいの人は最低千本ほどで、もっとえらい数を持ち込んだ人らが会員の筆頭ですのや。それで昭和三十八、九年ぐらいに、もう日本映画は種が尽きましてね、国内で。今更応募を受け付けても該当する人がないから、打ち切ろうちゅうことになったんですわ。だから、もういっさい出さんということでね」

ただし『隣人愛』のようなことがあった。

「あれはねえ、その前に『アリラン』を出してくれちゅうことがあって、まだ時期やないし、ということになって、というて、いつまでも握りつぶすわけにもいかんから、ほんじゃまあ当たらず触らずで誰からも文句言われんものを出したげよ、と。それで『隣人愛』を南北と在日の三者に、NHKの仲介で出したんですわ。だからNHKにもあります」

会員組織については以前に聞いたが、確認のために成り立ちを訊く。

「前に申し上げたように、昭和十年頃ですか、出征兵士が増えて、お気の毒に戦死される方もだんだん出てきましてね。残された家族らの何か心の拠り所ちゅうか、月に何回か集まって映画会でもしようか、ということで、映画館の館主やら有志の人やら、そういう人らが寄って設立したもんですねん。場所は大阪です」

どうやってフィルムを集めたのだろう。

「映画館で上映したものやら、そういうものを数千本単位で掻き集めたんです。それを買い取ったわけですわ」

安部さんのお父さんも多くのフィルムを持っていた話は前に聞いた。

「親父には親父のコレクションがありますねん。『アリラン』なんかは親父の管轄で、わたしが集めたもんではないんですわ」

すると、それとは別に、会員組織は昭和十年頃に生まれたことになる。

「フィルムを提供してもらうときにね。興行関係や映画会社の人です。そのフィルムをわたしとこで買い取って、ずっと続いているんですわ」

買い取るには莫大な費用が必要だったろう。

「でも、評価が手一杯の評価やないんですわ。会員やから、こっちの持てる範囲で止めてくらはった。だから、やれたんですわ。かなりかかりましたけどね。昭和二十三年にわたしも農地解放でなくしましたけども、それまでは田畑がありましたから、年貢で十分やっていけたんですわ。島根のほうは小作が二十六軒、母の里の近江八幡も三十軒近くありました。そやから、フィルムを買い取れたんです」

骨董品なども上映会のときのフィルム提供者と関係があるのだろうか。

「いや、骨董品はまた違いますねん。わたしらの先祖伝来のもんのほかに、戦後、終戦まもなく、あちこちで非常事態が発生しましてね、そのときに救済した見返りに持ち込まはったんもんが仰山あるんですわ。処分するゆうことはないんですから、いったん持ち込んだら、みな残ってますねん」

ジグソーパズルとかは、みな由来が違うということか。

「ええ、違います。パズルは、わたしがギックリ腰やって、ひと月ほど寝たとき、ある玩具の卸元が、寝床のなかで、これしやはったら気が紛れるやろと、送ってくらはったんですわ。わたしが集めたんやないんです」

　切手とか壺とかは事情がまた違うのですね、と念を押す。

「みな違いますねん。そらね、いろんな人が持ち込まはるから。わたしとこに無いものは紡績の機械くらいですわ。あとは、良い悪いをいわなんだら、たいがいあります。いろんな機械でも自分でみな細工できますのやわ。部品がなかったら作ります。ミシンとか」

　自動車は、と思わず訊く。

「あれはねえ、専門がありましてな。ある方が、コレクションしたけども場所がなくなった言うてきやはったんですが、ああいう嵩の高いもんだけはお断わりしてますのや」

　安部さんはそう言ってホホホと笑う。

　わたしは話を戻して、フィルムを貸してもらうことは不可能なんですねと言う。

「そうですねえ。わたしかていつまでもこうしてるわけやなしね、どこか適当なとこがあったら、すべてをお譲りして、そこが管理しやはったら、いちばん理想で、そういうとこが決まって話し合えたら、また違う制度でいけるんやないか、というのが、われわれの考えですのや」

　そのときは安部さんが決めていいのだろうか。

「それはかましませんのや。会員ゆうたかて、もう数がずっと減りましたから。戦後に亡くならはって」

会員は現在、何人ほどなのだろう。

「もう何人ぐらいになってますかな。四、五人ぐらいですか。全盛のときには二百名近かったんですけどな。そやけど、みなわたしらより歳が上やから、亡くならはった」

二百人となると、映画関係者ばかりではないだろう。

「ええ、実業家とか政治家とか、みながみな映画関係の人ばっかりやないです。興行師の方もおられます。最初のとき、興行師の人らが、どことらに何たらのフィルムが残ってるから、あれを引っ張ってくるわ、とか、自分の見識で集めはったんです。関東のほうは知りませんけど、名古屋から西のほうはほとんど集めました。どういうふうにして掘り出してきやはったんか、わたしら知りませんけどな」

そのあと、思いがけない話を聞く。安部さん自身が興行関係の仕事をしたことがあったのである。

「学校卒業して実社会に出たとき、手を引いてもろた人のなかに興行師がいましてね。名うての興行師ですわ。昭和十九年に卒業後、学校に残って教員生活をして、実社会に出たとき、何ごとも経験しとかなあかん、ということで。そのときは両親共にいましたから、その肝煎りですねん。ま、化かされんように、ちゅうことでね。十年ぐらい巡業をやったですかな。自分で映写もやるし、ひととおり経験しました。けど、金儲けとかはいっさい関係ないんでね。興行というのは失敗すると駄目で、儲けなきゃいけないでしょ。それがですな、メンバーのなかに大きな株屋さんがいやはりまして、興行に穴が開いたら埋めようと。みな会員でっさかい」

安部さんはホホホと笑い声を交えて、いま思うとありがたいもんですと、若き日を回想する。

「そやから自分とこで座を買うて、年間契約ですけど、芝居から色物興行から浪花節に至るまで、みなやりました。無声映画の場合は、弁士も楽団も集めてね。それからビラの印刷をしたり」

聞いていて、何ごとも経験せよという両親の教育方針に圧倒される。

「京都で料理屋もやってましたんや、かたっぽで。マキノ映画の重役さんやら永田雅一さんやらの関係で、それ専門の人が会員にいやはって、芸子さんやらもそこの専属でっさかいに、そんなもん相手にしたらあかん、自分とこで経営したら内容がようわかるから、ということで。そやから、まあ、四十二まで頑張れたんですのや」

安部さんは一九二三年生まれだら、四十二歳は一九六五年。

「その代わりに、世間でいう楽しみちゅうものは少ないですわ。その真髄がわかってますから、酒は一滴も飲んだことがないし、煙草も吸うたことがない。ほんまに付き合いは悪いですわな」

その徹底ぶりはどこからくるのだろうと思わずにいられない。

「学校出たての頃、わたしらは特攻隊の生き残りで、生きてただけましや、てな考えですわな、あの時代は。で、料理屋をやってたら、遊びにくる人はみな元気一杯で、なんか騒いだはりますけども、まあ空虚なもんでね。経営者の方にいわしたら、あんな姿をよう見ときなはれや、相手にしたらあかん、ゆうてね。ま、若いときはいろんな考えが湧いてくるんですけれど、はたがみんな、それはいかん、これはいかん、と制限があって。そやから、ある面では護られたわけやし、そのうち固まってしもうて、自分でも面白くなくなったわけですわ」

さきほどの真髄という言葉の内実に、わたしは絶句する。

「そのときに、これはまあ、親父の思想なんですけども、壺中の天地ちゅうものを考えつきましてな。自分の周囲に好きなものを置いて、周囲を充実させておくのが、人生最大の楽しみや、という思想でして。諸事百般、書画骨董なんかは先祖伝来のものがありますし、わたしで三十七代目ですから、かなり溜まってますしな。わたしらの子どもの頃ちゅうたら、模型ですわ。汽車や電車など、いわゆる科学模型。あれが部屋中満員だったです。それから親父が春日部に開業したとき、日立造船がありまして、その関係で、今度こういうのが出来ましたと、四十五分の一の蒸気機関車の模型をガラスケースに入れて、寄せてくらはった。じつに精巧なもんで、二十八、九種類ありましたかな」

好きなものを集めるのは幼少時代に始まったことになる。

「いや、集めるというよりもね、端《はた》がみな持ってきやはるさかい、自然に集まりますんやわ。自分が赴いて、これは良い、という選択がないんですわ。処分するゆうことがないから、端が持ってきやはったもんが溜まって、いつまでもあるわけで、種類がものすごく多いんです。自分が欲しくて集めたもんいうたら、何がありますかな……うーん、なんにもないんですわ」

映画に関しても、ないのですか、と思わず訊く。

「ないですなあ。手元にあるから、まあ使うぐらいですわ」

洋服とか靴とかで、こういうのが好きとかは、と問うと、笑いが返ってくる。

「全然ないですわ。着るもんちゅうたら、何でも構いません。食べるもんも好きなものはないし、ほんまに無趣味ですわ」

安部さんはコレクションという考えとは無縁なのである。そのことを確認して一瞬絶句するが、気を取り直し、前回、蓮實重彥さんと来たとき、見せてもらった九ミリ半のリストのことを訊く。

「あれはもうアメリカへ持って行きました。会員の紹介でね」

意外な話に面喰らいつつ、行き先を尋ねる。

「それはわたしも権限外やから知りませんけど、もう一件落着ですねん」

公共の図書館とかだろうか。

「ええ、まあ、そうです。だから、いつの場合も営利とは関係ないんですわ。金儲けとかにはいっさい出しません」

会員の紹介で九ミリ半を手に入れた人がアメリカへ持って行った。それは貸し出さないという安部さんの基本方針からして認められるのだろうか。

「それはかましませんねん。会員の紹介でしやはったことでっさかい。わたしら同等ですから、ご随意にしやはったらええわ、ぐらいのことで。何も原本を抹消するゆうことはないんですからね。あくまで複製品のことでっさかい」

安部さんの話は筋が通っているのか、いないのか、わたしは混乱に陥る。と、岡田さんが助け舟を出し、あらためて小津生誕百年の話をして、やはりフィルムを出してもらえないのかと念を押す。

「出せませんのやがな、出さんことはないんです。おたくさんらが会員に入っていただくのは無理やと思いますから、何かそれに代わる便法というか、アイデアがあれば別なんですけどな。おたくさんらだけではなく、いろんな話がそこで行き詰まりますのやわ」

では、話し合いの余地はあるのですね、と岡田さん。

「いや、だから、おたくのほうで何か条件を出してもらうんやったら、また話は別ですけど、何もなしに、いままでの話の継続では、いつまで経っても平行線ですわ。いちばん最初に、おたくのほうで何か用意されたかということですねん」

岡田さんが言葉をあらためて心情を話す。このままでは貴重な小津作品のフィルムが散逸しないか、身勝手に思い込んでいるんです、と。

「おたくのほうからすれば、そうやけども、わたしのほうとしては、フィルムをどうしようとですな、そんなもん、置いといたらよろしいねん。何年何十年と置いといても、どういうことはないんです。その点は間違わんといてください」

この発言には、返す言葉が見つからない。

安部さんが黙るわたしたち二人を見て、宥めるような口調で言う。

「何かね、お互いに歩み寄れることをやりましょうや。けっしてわたしも一方的やないんですから。何かひとつ考えてください」

はい、考えます、とわたしは答え、岡田さんとともに安部家を辞した。

予感したことではあったものの、小津特集に向けてフィルムを貸し出してもらうことはやっぱり不可能だったのである。

前回同様、そのあと二人でどうしたか、まったく思い出せない。

稀代のコレクター死す
……二〇〇五年

翌二〇〇四年の秋、安部善重さんが入院したらしいとの噂を耳にし、安井喜雄さんに電話で尋ねると、調べてくれ、後日のメールで、間違いないという。

岡田健三さんに知らせると、早速、安部家へ行ったところ誰も居なかった、との報告が届く。そして二日後、石切に近い枚岡病院に入院中の安部さんに会ってきたというメールが届く。元新聞記者だけあって、やることが速い。

メールの日付は十月二十三日。安部さん自身の話によれば、三月に石切の病院でヘルニアと前立腺の手術を受け、それはうまく行ったらしいが、ずっと起き上がれず、九月に枚岡病院に移った。目はだんだん悪くなり、岡田さんの顔も輪郭しかわからない。また、奥さんは、治療中の癌は治ったが、昨年十二月三十日に肺血腫で亡くなったという。そういえば、わたしたちが五月に安部家を訪問したとき、奥さんの姿が見えなかった。奥さんの死が安部さんの心身に一大衝撃をもたらしたことは容易に想像できる。岡田さんの見たところ、それでも安部さんは、弱々しくて声も小さいけれど、顔色はさほど悪くなかったとのこと。

十月三十日、岡田さんからメールが届く。安部さんを見舞い、民生委員の方に話を聞いたという。安部さんは一週間前より元気そうで、電動式ベッドで起き上がれるようになり、点滴と食事でエネルギーが出てきたらしく、顔色も一段と良くなっていた。

　民生委員は、前任者から引き継ぎ、今年一月、安部さんに初めて会った。その方の話によれば、安部さんは三月頃から石切の病院に通院していたが、五月に自宅の前で倒れていたところを新聞配達員が見つけ、救急車で病院に運ばれた。民生委員は入院の保証人になったあと、郵便物を届けたり、おカネを引き出して支払ったりの世話をしている。安部さんは前立腺肥大症の手術をして良くなってきたと思っていたら、ヘルニアが出て、再手術となった。やがて退院し、枚岡病院に隣接した老人健康施設に入り、杖をついて歩いたりしていたが、発熱が酷くなり、枚岡病院に入院。民生委員としては退院後に備えて特別擁護老人ホームなどに申し込んでいるが、安部さんは、しきりに家のことを心配し、三、四日ほど帰りたいと言い続けている。民生委員も安部さんの収蔵品が気になり、別の人が付けた鍵について、安部さんが合鍵で自由に出入りしそうだと心配するので、新しい鍵に付け替えたという。

　当時、わたしは多忙を極めていた。通常の試写室通い、原稿執筆に加えて、大学での授業があり、九月には京都映画祭、十月にはシカゴで深作欣二について話すため、初めてアメリカへ飛び、十一月には福岡でのカメラマン西本正の特集上映会に参加し、と、文字どおり東奔西走の日々だった。だが、岡田さんの報告に接すれば、何とかして安部さんを見舞いに行きたい。

　十一月十五日、福岡から大阪へ、そして枚岡の病院へ。岡田さんには事前に予定を知らせたが、その日はどうしても都合がつかないと聞き、独りで行く。

安部さんはベッドに寝たままで、わたしの声に嬉しそうに反応する。

「ああ、山根さん、こんな遠方までわざわざどうも。目はぼんやりとしか見えませんけれど、声でわかるんですわ」

これまで何年ものあいだ、勝手に押しかけて、たくさんの話を聞かせてもらったことへの感謝の気持をわたしが述べる。安部さんが、何をいわはりますのや、そんなことあらしませんと、小さな声で反応する。そんな雑談のあと、早く元気になって、また石切のお宅で話を聞かせてくださいと言うわたしに、安部さんは仰向けの姿勢で頷く。

「ええ、家に早う帰りたいんですわ」

その弱いがはっきりした声に、わたしはいたたまれなくなり、励ましの言葉をさらに掛け、病室を辞した。

十二月二十四日、岡田さんから電話があり、安部さんを見舞いに行ったところ、病院の人から臨終状態と告げられたという。

聞いてわたしは、ああ、と、ただ絶句するしかない。

暗澹たる気持が続くなか、いちばん気になったのは安部さんのコレクションで、このままでは収蔵品が四散することもありうる。以前、あるフィルムコレクターが亡くなったとき、いろんな人物が、これは自分が貸したものだ、預けたものだと、フィルムを持ち去ったことがある。わたしは岡田さんにその懸念を話し、善後策を相談した。

安部さんには家族がいない。親戚はいるだろうが、連絡する手段がない。となれば、とにかく収蔵品を散逸しないよう法的な手段をとる必要がある。

岡田さん、蓮實重彦さんと相談し、安部さんの住む東大阪市への直訴を決めた。

二〇〇五年一月十一日、東大阪市長宛に「世界的に貴重な映画フィルム等の保全のお願い」を速達で投函する。内容は、目下危篤状態にある安部さんが亡くなったあと、財産保全の管財人が選任されるまでのあいだに収蔵品が散逸しないよう、財産保全の仮処分を申し立てていただきたい、というもの。差出人は、映画評論家・東海大学教授　山根貞男、元朝日新聞記者　岡田健三、映画評論家・前東京大学総長　蓮實重彦。わたしの名前が最初なのは代表者だからで、蓮實さんの肩書はむろんのこと、こんな場合には大学教授という肩書も役に立つにちがいないと思われる。

どうやら反応があったらしい。岡田さんが朝日新聞の知人から聞いた情報では、東大阪市が文化庁に仮処分を申し立てたという。

そうこうするうち、決定的な報せが伝わってくる。

二月九日、安部善重さん死去。享年八十一。

稀代のコレクターがついに世を去った。一九九〇年以来、たびたび訪れた生駒山麓の自称「化け物屋敷」の主とは、もう会うことができない。

収蔵フィルムはどうなるのだろう、と案じていると、三月には相続財産管理人の弁護士が選任され、その依頼のもと、文化庁、東京国立近代美術館フィルムセンターがフィルム保全に動いていると聞く。ともあれ、ほっと胸を撫で下ろす。

その後、フィルムセンターが安部家からフィルムなどを運び出したことを、新聞記事で知る。それによれば、四月に約二千缶に入ったフィルムなどを入手し、七月に正式に所有権がフィルムセンターに移ったので、内容の調査を始めるが、缶のラベルをチェックしたところでは、大半は国内の記録映画であったという。

わたしは、やっぱりそうだったかと思う。安部さんは常々、石切の家にあるのは所蔵フィルムのごく一部で、多くのものは纏めて別の倉庫に保管していると言っていた。

フィルムセンターは三年後、石切の家で入手したものを一般公開する。特集「発掘された映画たち2008」の上映番組二十三のうち、三つがそれに当たる。上映された八本について資料から題名・製作年・製作会社・監督・内容・長さの順に記しておこう。

「安部善重コレクション1」……『日活行進曲　曽我兄弟』一九二九・日活・清瀬英次郎・オムニバス劇映画の一篇の断片で十四分。『乙女シリーズ　その一　花物語　福寿草』一九三五・新興キネマ・川手二郎・少女小説の映画化・六十七分。

「安部善重コレクション2」……『肉付の面』(推定では一九二二・牧野教育映画)伝説の劇映画化・六分。『妙好人傳　大和の清九郎』一九二二・東本願寺映画班・宗教劇映画・不完全で十五分。『光を仰ぎて』一九三二・独立プロダクション・金森万象・社会教育団体の宣伝劇映画・不完全で十五分。『腹籠りの聖教　信の巻』一九三四・本派本願寺・宗教劇映画・十六分。『無限の寶』一九三六・振進キネマ社・井上麗吉・教育劇映画・不完全で三十一分。

「安部善重コレクション3」……『(仮題)一郎・二郎・三郎』(推定では一九二九〜三〇頃)・冒頭クレジットやエンドマークなどの欠落により題名不確定・宗教的な教育劇映画・主人公役は江川宇礼雄・完全版ではないが九十四分。

フィルムセンターの上映資料によれば、この八本は入手した可燃性フィルム七十五本のうち不燃化したものとのこと。残りのものがどんなフィルムかは明らかではないが、上映作品には先刻の新聞記事にあった記録映画は含まれていない。

それにしても、『隣人愛』や『一太郎やあい』が入っていないのは、どういうことか。石切の家に元のフィルムがあったなら、必ずや上映されただろう。それより何より、わたしが安井さんと一緒に見た詳細なフィルムリストは、どうなったのか。あとで安部家からの搬出に立ち会った関係者に聞けば、そんなものは見つからなかったという。

すべては謎に包まれたままである。

各地の空き家にフィルムが眠っている

安部善重さんが亡くなって十七年後の現在、生駒詣での記録を、最初に訪問した一九九三年から二〇〇三年まで整理するなか、つくづく思う。ああ、安部さんに翻弄されつづけてきたなあ、と。

安部さんについては、新聞や週刊誌、インターネットなどに、いろいろな情報があり、わたしの手元にも種々の資料がある。それらを参照すると、インタビューで聞き出した内容と違うことがあり、本人から聞かなかったことも多々ある。

端的な例は父親のこと。安部鼎という名前や、朝鮮総督府の嘱託医だったことを、わたしは新聞などの情報で知ったが、安部さんから直接聞いたことはない。

安部さんが隠していたわけではなく、こちらが訊かないから話さなかった。それだけのことで、類例はほかにもある。たとえば廃線脇にあった安部家のこと。わたしは旧駅舎と思い込んでいたが、ある資料には、近鉄保線夫詰所とあり、広さからして、それを建て増ししたものと見るべきであろう。

嘘をついているわけではない。ただし、インタビューを重ねるうち、新しい話が出てきて、前に聞いた内容とのあいだに、ズレが生じる。

たとえば兵役免除のこと。最初の訪問時、安部さんは、戦争末期、大学である研究機関に属し、原子力に関連した研究をしていたと語り、わたしはそれを兵役免除と結びつけた。ところが、のちのインタビューで、兵役免除は別の軍事目的の研究によるとわかる。しかもその研究はフィルムを使ったもので、大量のフィルムが安部さんの元に集められ、わたしが見た『一太郎やあい』はその一部だという。その研究と同じ頃、戦没者の遺族に見せるために大量のフィルムを集め、その関係者が会員になったという話が出てくるが、以前のインタビューでは、戦後、戦争未亡人のためにフィルムを集めたという。

戦後、ずっと無職だったという最初の話も、のちに覆る。大学卒業後、教師を務めたあと、興行や料理屋経営に従事したのだから、無職とはいえない。おカネ目当てではないから、本人としては、それらは就職とは見なさないということか。ある資料には、種智院大学を卒業後、三年ほど教鞭を執ったとある。

安部さんは法螺吹きだと決めつける人もいるが、わたしにはそうと思えない。話の内容はた

「秘蔵」映画の数々 中身は？

大阪の男性、生前に収集

大阪府東大阪市で今年2月、ひとりの老収集家が81歳で亡くなった。安部善重さんである。書画骨董《こっとう》から、がらくたまであらゆるものを集めた安部さんは生前、国内外の貴重な映画フィルムを秘蔵していると公言し、一部の映画好きに知られた存在だった。死後に散逸してしまうと心配されたコレクションはこのほど、東京国立近代美術館フィルムセンターに落ち着いた。全容がわかるのは数年先だ。だが、現段階の調べでは、どうもうわさされてきたような派手な中身ではなさそうだという。（織井優佳）

4月に行われた安部さん宅の調査＝大阪府東大阪市で、東京国立近代美術館フィルムセンター提供

フィルムセンター、調査に着手

安部善重さん

手書きの分厚い目録

「安部コレクション」には、分断前の朝鮮半島で制作された幻の傑作「アリラン」（1926年）や、未発見の日本の無声映画が多数あるとされてきた。実際にそれを見た人はいないが、安部さんと親しかったある映画評論家は手書きの分厚い目録を見せられ、その詳細な記述にフィルムの実在を確信。「おっちゃんは『ほら吹き』だったが、あれの全部がうそとは思えない」と、地元の東大阪市などに保存策を講じるよう働きかけてきた。安部さんには法定相続人となる身寄りがなく、特定の人・機関へ寄贈する意思も示していなかったため、死後に散逸してしまう心配があったからだ。

東大阪市は大阪家裁に申し立て相続財産管理人の弁護士を選任。切手から古文書までどっさり残ったコレクションの整理が始まった。映画関係のコレクションは文化庁が保管を依頼され

安部さん宅から回収された多数のフィルム缶＝フィルムセンター提供

た。とくに戦前の35ミリフィルムは可燃性のため、専門家が慎重に扱う必要があった。

東京国立近代美術館フィルムセンター主任研究官のとちぎあきらさんらが今年4月、倒壊寸前だった東大阪市内の安部さん宅から、約2千個の缶に入ったフィルムや古い映写機などを運び出した。7月になって裁判所の許可で正式に所有権がフィルムセンターに移り、やっと調査に着手する環境が整った。

フィルムの多くは保存状態が極めて悪く、作品の同定にかかる前に、ほこりやカビを除く作業が必要という。とちぎさんがあらかたのフィルム缶のラベルをチェックしたところ、大半は国内の記録映画だった。自宅以外の保管場所がある可能性は否定しきれないが、「うわさに上っていたような著名作を期待するのは難しそう」という。だが、未発見の映像が見つかる期待はあるそうだ。

映画史は散逸の歴史

とちぎさんによれば、映画の歴史は散逸の歴史だ。無声映画がトーキーへ、白黒がカラーへ、フィルム素材も可燃性のものから不燃性のものへ。技術革新で新しい様式が導入されるたびに古いフィルムは捨てられてきた。不正コピーを防ぐため、積極的に廃棄されたこともあったという。

それだけに、地方での普及や家庭鑑賞用に編集し直したフィルムが愛好家の手に渡り、歳月を経て世に再び出てくることが多い。小津安二郎監督の初期のコメディーは新潟の商家から、伊藤大輔監督の傾向映画は東京のコレクター宅から見つかった。「今回のように本人の死後に行方が定まらないと手続きがやっかいだし、遺族が捨ててしまって永遠に失われることも多い。戦前の日本のフィルムは恐らく1割も残っていないでしょう」と、とちぎさんは嘆く。

フィルムセンターは芸術性や歴史資料としての価値判断をはさまず、あらゆるフィルムを収集・保存している。その環境もノウハウもある。とちぎさんは「できれば生前に寄贈をお願いしたい」と話す。

名場面を切り取ったみやげ物や、ごく短い「おもちゃフィルム」のようなものも、現存する唯一のコマである可能性があり、価値があるという。とは言え、ずっと手元に置いておきたい収集家の心情もわかる。「その場合には、保管は風通しが良く、温度変化の少ない場所で。密閉されるプラスチックケースは避けてほしい。そして寄贈の意思を家族に伝えておいて」

新聞記事

朝日新聞2005年9月8日夕刊

しかに漠然としていることが多いが、こちらの質問のあり方に合わせ、必要以上には語らないから、曖昧さを伴うのであり、細部に作り話はなかろう。

フィルムの所蔵に関して、その点は確信できる。フィルムの目録を現に見たわたしとしては、あんなに詳細なリストを冗談に作成するとは考えられない。リストは安井喜雄さんも蓮實重彦さんも見て興奮したし、ほかの人もリストで『アリラン』の題名を確認したことが週刊誌の記事でわかる。

では、フィルムはどこにあるのか。あの生駒山麓の家からは、わたしたちを興奮させたフィルムは一本たりとも見つからなかった。

フィルムだけではない。あの家の中に堆く積んであったジグソーパズルやビデオテープや書籍など、ブルーシートで包まれ屋外に並んでいたモノの山、そして話に出てきた骨董品や古文書類、宝塚歌劇の衣裳などは、どこへ行ってしまったのだろう。

安部さんは故郷の島根や近畿一円に倉庫があると言っていた。湯原信男さんが、あの人のところには差し押さえした不動産とかが入ってくる、と話していたことを思い出す。

日本各地には空き家が散在するらしいから、幻のフィルム群が種々のモノとともにそのいくつかに眠っているにちがいない。

蓮實重彦さん、ロシア人の通訳、筆者
ゴスフィルモフォンド構内

第六章

ロシアへの旅

白樺に囲まれた国立映画保存所

ロシアに日本映画のフィルムが数多く在ることは、映画関係者のあいだで、昔から知られていた。正確にはソビエト連邦時代から、というべきだろう。ただし、所蔵フィルムの内実は定かではなく、伝聞の域を出なかった。

一九九五年、それを調べるため、蓮實重彦さん、冨田三起子さんとともに、わたしはロシアへ。映画生誕百年祭実行委員会のことは本書で何度か触れたが、その活動の一環としてであり、国際交流基金に旅費などを援助してもらった。

ロシアへの旅は突然浮上したわけではない。前史があるので、それを記そう。

一九九二年、九三年、日本各地で「レンフィルム祭」という上映会が催された。レンフィルムとはソ連のレニングラード(現サンクトペテルブルク)に創設された撮影所で、そこで製作された映画は日本では知られていなかったが、一九九一年十一月、蓮實さんを代表とする調査団が訪れ、関係者に取材するとともに、試写で選んだ二十六本を翌年から上映したのである。どれも飛びきりの作品で、わたしも見て、こんなソ連映画があったのかと驚いた。ソ連の崩壊は一九九一年十二月のことである。

レンフィルム訪問はそもそも冨田さんの発案による。その十年ほど前、オランダのロッテルダム国際映画祭における特集上映でレンフィルムのことを知り、日本でも上映したいと思っていたという。鋭い映画感覚と実行力は称賛に値しよう。それがやがて、ロシアにおける日本映画のフィルムの調査に繋がる。

冨田さんは当時、東京国立近代美術館フィルムセンター（現在の国立映画アーカイブ）の客員研究員として、修復された映画の特集に関わるうち、フィルム修復に興味をもち、アメリカの研究機関で学んだ。そして、モスクワの友人のところへ遊びに行ったとき、ロシアの国立映画保存所ゴスフィルモフォンドにおけるフィルムの修復を見学しに訪れた。

そこには日本映画のフィルムが大量に収蔵されているではないか。ただし、整理したカードはあるが、作品リストはない。ならば、と、今度は、内容を調べに、ゴスフィルモフォンドを再訪し、一週間滞在して、フィルムの現物をチェックした。日本映画はたしかに在る。だが、膨大な量で、とても調べきれない。諦めて帰るとき、親切な係官から言われた。ぜひまた来てください、と。それが一九九四年七月のことである。

かくして翌一九九五年、蓮實さん、冨田さん、わたしが、ゴスフィルモフォンドへ調査に向かうことになる。

冨田さんの映画的情熱と行動力が半端なものではないことは、いま記したところから明らかであろう。現在、冨田さんの肩書は「映画祭コーディネーター」だが、蓮實さんとわたしは敬愛の念を込めて「国際映画マフィア」と呼んでいる。

ロシアの首都モスクワに着いたのは、一九九五年八月十五日、日本の敗戦記念日の丸五十年後である。

わたしは八月六日からスイスのロカルノ国際映画祭に参加したあと、十五日、同じく映画祭に来ていた冨田さんとともに、チューリッヒ経由でモスクワに入った。夜八時、蓮實さんが少し遅れてロカルノから到着し、三人がホテルで合流。日本大使館の係員と別のホテルのレストランで夕食を摂る。

そのあと、自分たちのホテルへ戻ったとたん、蓮實さんが言う。寝るには早いから、ここのカジノを見に行きませんか、と。わたしにも冨田さんにも否やはない。カジノに着くと、軽装のわたしは入場を拒まれたが、宿泊客とわかり、許可される。カジノは広大で、ルーレット台がいくつも並んでおり、そのあいだを見物して回る。どの台でもギャンブラーが勝負に熱中しているが、明らかに日本人と思われるギャンブラーが目につき、三人は足を止めて見守る。山積みのチップを手元に、その男性の真剣な表情たるや、尋常ではない。わたしたちは彼の気迫に圧倒され、しばらく無言で凝視したあと、カジノを去り、口々に感嘆の言葉を漏らし、各自の部屋へ。

初めてモスクワを訪れたわたしは、いきなり凄い光景を目にしたわけで、異様に興奮したことを、いまも忘れられない。そこには、ホテルにカジノがあると知るや、見に行こうと言いだした蓮實さんへの驚きも混じっている。

翌八月十六日、朝十時過ぎ、車で出発する。ゴスフィルモフォンドはモスクワ中心部から真南にある。車は「ボルガ」といい、日本大使館のチャーターによるもので、分厚い鉄板で覆われ、戦車みたいだが、そんな鉄の塊が猛スピードで疾走する。見るからに頑丈な道路は何車線もあり、中央分離帯が低い。蓮實さんによれば、いざというときには航空機が離着陸できる滑走路になるのだろう。ボルガがそこをぶっ飛んでゆくが、周りは田園風景で、農家以外、建物などない。やがてロシア人の運転手が何か呟いて車を停め、無人の野菜売り台の奥にいた女性に、ゴスフィルモフォンドのことを尋ねているらしい。女性がそっけなく首を横に振るのが見える。がっかりして戻ってきた運転手に、冨田さんが何か言う。フランス語と英語が達者なことは知っているが、片言ならロシア語も話せるとわかる。この道で大丈夫と聞いたのか、運転手は安心してボルガをぶっ飛ばす。

周りが白樺の森になってきて、冨田さんが、もうすぐですと言う。まもなく彼女の指示で左の道へ進むと、鬱蒼たる白樺に囲まれた建物が姿を見せる。

ゴスフィルモフォンド到着はちょうど正午。まずウラジミール・マリシェフ所長、ウラジミール・ドミトリエフ副所長、ヴァレリー・ボシエンコ学芸員と面会し、よろしくと挨拶したあと、事務棟の近くの宿舎に案内される。三階建ての二階に並ぶ個室の三つに、冨田さんを挟んで左右に蓮實さんとわたしという配置で、旅装を解く。

何が飛び出すかわからない

午後一時、少し歩いて編集作業室へ。いよいよフィルムの調査が始まる。

大きな部屋で、編集機のほかにはデスクや数脚の椅子があるだけだから、がらんとしている。わたしたち三人は作業用の白衣を身につけ、椅子を並べて編集機に向き合う。後ろに、ボシエンコさんが倉庫から台車で運んできたフィルム缶が積んである。フィルムを編集機に懸けて動かすのは冨田さんで、両脇から蓮實さんとわたしが画面を覗き込む。フィルムはすべて35ミリ。缶には、ロシア語の題名、整理番号、全何巻の何巻目に当たるかが記されている。

筆者、ヴァレリー・ボシエンコさん、冨田三起子さん、蓮實さん
ゴスフィルモフォンド事務棟

白い手袋をした冨田さんが缶からフィルムを取り出し、機械に懸ける。編集機はソ連製だが、現像所などで見たことのあるドイツ製のスティンベックに酷似している。週刊誌より少し大きいくらいの映像が映し出されるや、蓮實さんとわたしは画面を見ながら手元のノートに情報を走り書きしてゆく。

最初のフィルムは『祖国を護る』。無声映画で全六巻。①から⑥まで順に見る。日露戦争時のある村の家族を描く劇映画で、皇国在郷軍人会本部の後援とあり、在郷軍人に関する広報作品と思われる。監督は山根幹人とあるが、製作会社は不明。字幕に「軍人勅諭拝受五十周年」云々と出るから、製作は一九三二年とわかる。

冨田さんがフィルムを懸け換えるたびに、三人はあれこれ意見を言い合い、得た情報を整理してゆく。その結果、中身の順は①②③⑥④⑤で、①と②のあいだの一巻が抜けているかもしれないと判断する。また、この映画は普通に公開されたものではないのでは、との考えで一致する。

午後二時、宿舎の一角の食堂へ。目的地への無事到着を祝うとともに、いましがた一本を調べただけでわかった作業の大変さを語り合う。そして、ゴスフィルモフォンドの雄大さを口々に感嘆する。地名のベーリー・ストルビイは「白い柱」つまり白樺を意味するらしい。

白樺の森のなか、さまざまな建物が散在する。所長らと会った事務棟。ずらりと並ぶフィルム保存庫。現像所や編集室などの作業棟。職員の居住棟。そして宿泊施設。垣間見ただけでも、さながらひとつの村であることが認識できる。車で入ってきた森の入り口には鉄道の引き込み線もあった。あとで知ったが、地名と同名の駅があり、そこから森を三十分ほど歩くとゴスフィルモフォンドに着くという。全体が白樺樹林に覆われているから、途中の農家の女性が知らなかったのも当然で、一種の秘密基地ともいえる。

ゆっくり休憩したあと、作業再開。

二本目のフィルムは①に『戦時小品　水兵の母』とある。無声映画で、全八巻。「水兵の母」という題名は知っていると思いながら全巻をチェックしたら、四種類の作品が混じっている。①⑥は劇映画『水兵の母』、②④はドキュメンタリー映画『国民保健体操』全二巻、③は応急手当の教育映画で題名不明、⑤⑦⑧は別の劇映画。あとで調べると、『水兵の母』は一九二五年の小笠原明峰の監督作品とわかる。もう一本の劇映画は、清作、雪子、お貞を主な人物とする簡易保険のPR映画で、題名不明だが、坂本武が出ているから松竹作品だろう。

見終えて、三人は溜め息をつく。ただ見るだけでも、くたくたになるのに、四種類の映像がごっちゃになっているから、神経の張り詰め度はひととおりではない。先行きが案じられるが、作業を続行する。

つぎは『緋鹿子草紙』。無声映画で、全六巻。これは缶の順番どおりに時代劇がくりひろげられ、作業が楽に進む。一九三〇年の帝国キネマ作品で、監督は山下秀一。物語は六巻で中断するが、別のときに続きの三巻が見つかる。

四本目はアニメ無声映画で、途中の一巻だけ。桃太郎が荒鷲を退治する話だから、一九三一年の『空の桃太郎』にちがいない。作画は村田安司。

ざっとこんなふうに、午後七時の夕食を挟んで、午後九時まで仕事をする。

まだ外は明るく、とても寝る時間ではない。疲労まじりで気分も高揚している。いったん自室に戻ったあと、蓮實さんとわたしが冨田さんの部屋を訪れ、初日の感想を交えて雑談する。きょう見たものでは、『空の桃太郎』は日本にあるが、『水兵の母』『緋鹿子草紙』などのフィルムは現存しないと思われる。ここゴスフィルモフォンドには、失われた日本映画がたしかに在る。やっぱり来て良かった。このさき、どんな貴重な作品に出喰わすか楽しみではないか。三人はその点で一致し、意を強くする。

二日目の八月十七日。午前七時に食堂で朝食。わたしたちのほかに、明らかにロシア人ではない男が何人もいる。ユーゴスラビアの労働者で、ゴスフィルモフォンドへ出稼ぎに来ているのであろう。

朝食のメニューは黒パン、サラミソーセージ、牛乳、紅茶。どれも凄い。黒パンは硬くて、噛んでも噛んでもほぐれないし、サラミは脂肪分が強烈で、欠片を口にするや、全身が油まみれの心地がする。牛乳の濃厚さは尋常ではなく、牛の毛らしきものが浮かんでいる。搾りたてそのままなのだろう。紅茶はロシア風にジャム入りで、日本で飲むものとはまったく違う。この朝食には慣れるしかなかろう。

午前八時、編集室で作業を始める。

まず『非常ラッパ』。無声映画で、全四巻。①②は少年がラッパを吹けるようになる話の劇映画だが、二巻で終る。③には記録映像のようなワンカットのあと、トーキーの時代劇になり、嵐寛寿郎が主演で、④に続く。これは見たことがあるから、一九四四年の大映作品、松田定次監督『河童大将』の一部と特定できる。

いやはやと呆れていると、つぎの無声映画全四巻はアフリカの種々の動物の記録映像である。まったく何が飛び出すかわからない。

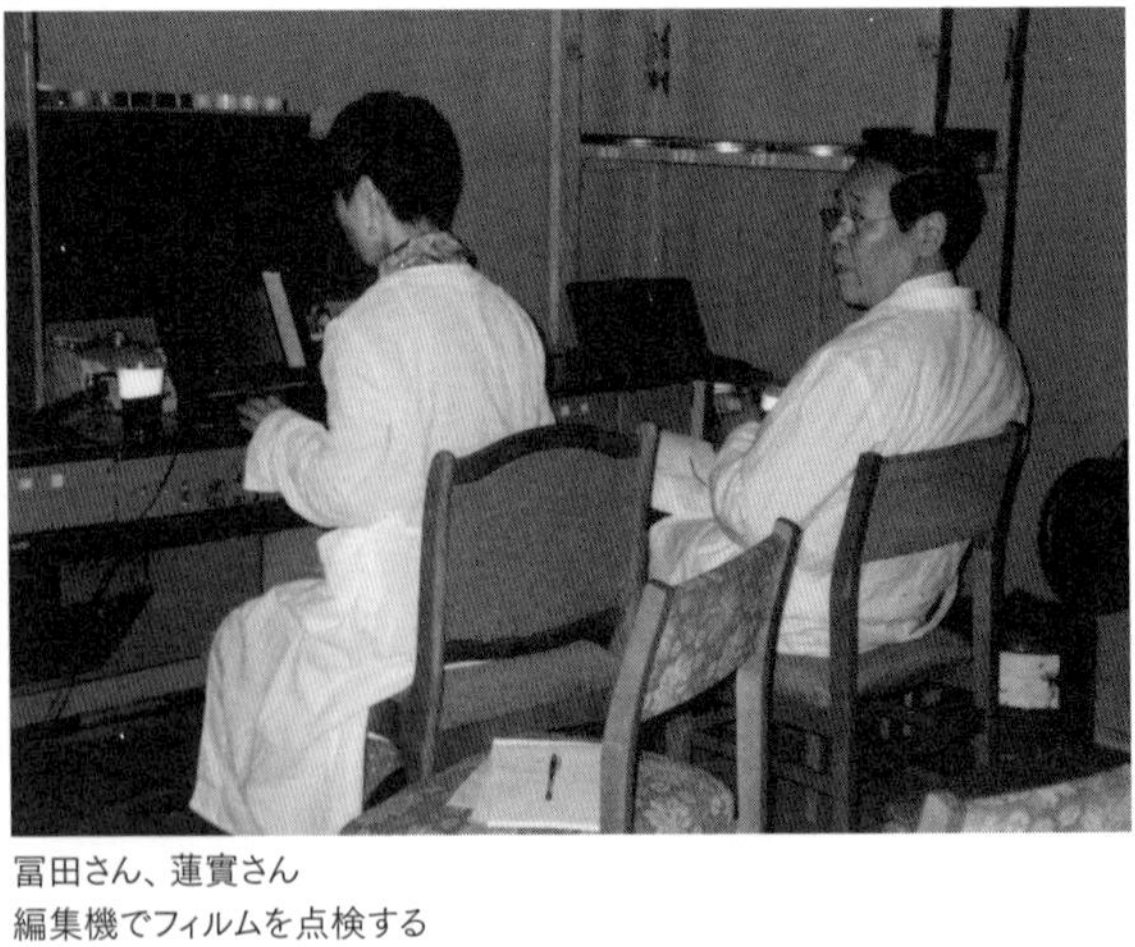
冨田さん、蓮實さん
編集機でフィルムを点検する

つぎは三巻もので、①に『北鮮の羊は語る』と題名が入る。サイレントの記録映画で、オーストラリアの羊たちが朝鮮半島へ運ばれる模様を綴る。ところが②はトーキーの時代劇になり、

③はその続きらしい。女優の顔にわたしは見覚えがあり、冨田さんにプレイバックしてもらい、わかった。市川春代である。浪人役は戸上城太郎にちがいない。とすれば、宿屋が出てくることからして、『海を渡る祭礼』ではないか。一九四一年の日活作品で、監督は稲垣浩。名作といわれるが、日本には現存しない。

それにしても、何で羊のドキュメンタリー映画と混じっているのだろう。冨田さんが缶のロシア語題名を訳すと、「祝典は海を渡る」。なるほど、羊もお祭りも海を渡るということか、と三人大笑いし、いまの二巻以外も発見できることを期待しつつ、つぎのフィルムの点検へ。

冨田さんが慣れた手つきで編集機にフィルムをセットするや、蓮實さんとわたしが両側から覗き込む。と、蓮實さんが感無量の口調で言う。いやあ、遠くロシアまで来て、こうやって三人、頬を寄せ合うとはねえ。聞いて冨田さんとわたしは思わず吹き出す。画面が小さいから、たしかに頬を寄せ合うしかなく、はたから見れば、どこかしら異様な光景だろう。ひときわ大柄な蓮實さんが言うから、いっそう可笑しい。

筆者
編集室の外

今度のフィルムはトーキーの十巻で、一九四二年の大映作品『大阪町人』。日本には現存しないから、まさにお宝である。監督は森一生。「忠臣蔵」でお馴染みの天野屋利兵衛の物語が綴られる。十巻のうち、③が欠落し、④は満洲関係の儀式の記録映像で、⑤から⑩までは『大阪町人』がラストまであるが、話の流れからして⑤の前が抜けている。別のフィルムに紛れ込んでいるのだろうか。

このあと、嬉しい発見が続く。

まず黒澤明監督『姿三四郎』(一九四三年)。九巻のフィルムの順がチグハグで、抜けたところもある不完全版だが、三人の記憶を探って照らし合わせると、日本の現存版にはない部分が含まれているではないか。一気に作業が楽しくなる。現存しないものが続いて見つかり、意気はさらに高まる。

作品は『狼火は上海に揚る』。一九四四年の大映と中華電影の合作映画。幕末、高杉晋作が上海へ渡り、太平天国の乱を体験し、攘夷思想を固める。監督は稲垣浩と岳楓。主演は阪東妻三郎。全八巻で、冒頭の一巻が欠落しているが、あとはラストまであり、編集機の小さな画面で見ていても波瀾万丈の迫力に興奮する。

『大阪町人』

この間、前日と同様に、午後二時に昼食、午後七時に夕食。気がつくと、午後九時近くになっている。つぎのフィルムは途中まで見て、作業を終える。

午後九時すぎ、前日のように蓮實さんとわたしが冨田さんの部屋へ。さっきの『狼火は上海に揚る』の面白さを口々に語るとともに、二日目の収穫を喜ぶ。喉の渇きを覚えたわたしが、冨田さんに言う。ここの一階の階段脇の売店で、いろんな品のなか、たしかビールもあったよね、と。あったと頷くなり、彼女がすぐ買ってくる。

早速、ビールで祝杯を上げる。蓮實さんは酒を嗜まないはずだが、勢いに乗ったのだろう、嬉しそうに飲む。わたしは一口飲むなり、日本のビールより強いのに気がつく。冨田さんも同様で、熊の絵のロング缶を見て、アルコール度の高さを言う。まるで焼酎に近いではないか。だから旨い。

三人してロング缶三本をぐいぐいやり、話が弾むうち、ご機嫌になった蓮實さんが言い出す。山根さん、モスクワ市内へ繰り出しましょうよ。いやあ、ここは車で一時間以上も走ったあとの人里離れた

『狼火は上海に揚る』

森の中ですからね、とわたし。でも、鉄道の引き込み線があったでしょう、あれを辿っていけば、街に着きますよ、と真顔の蓮實さん。聞いて、冨田さんが笑い転げる。三人は長い付き合いだが、こんな蓮實さんは見たことがない。雑談はさらに賑々しく盛り上がり、朝昼晩三食の脂っこさ、きょうの夕食に出たボルシチの美味さなど、話題は広がってゆく。

かくして二日目の夜、ロング缶三本が空になり、午前一時、お開きとなる。

貴重な発見に快哉を叫ぶ

三日目の八月十八日。午前七時半の朝食後、八時過ぎ、作業を始める。

フィルムは『大菩薩峠　第一篇　甲源一刀流の巻』。一九三五年の日活作品で、主演は大河内傳次郎。昨日の二巻に続く残りの七巻を見てゆく。日本に現存するものと同じであることがわかる。

ここで作業を中断し、蓮實さんが帰国の途につく。この年四月から東京大学副学長の重職にあり、長く国外に滞在していられない。

そのあと、冨田さんとわたしは作業を続行する。

題名不明の時代劇三巻。ツベルクリン注射の記録映画と農村劇映画とスパイもの現代劇が入り混じった三巻。それぞれが別種の記録映画二巻。病院船の記録映画二巻。以上いずれも部分である。反蔣介石の宣伝映画全一巻。つぎはサイレントの時代劇二巻で、嵐寛寿郎が黒装束の烏羽玉小僧に扮するから、一九二九年の東亜キネマ作品『からくり蝶』とわかる。監督は後藤岱山。この映画のフィルムは別のところに散在しており、全巻揃うが、日本に現存する。女性の貯金を奨励する人形アニメ二巻。河内山宗俊の出てくるサイレント時代劇一巻。これはほかでも断片が見つかり、一九二四年の帝国キネマ作品『金子市之丞』で、監督は長尾史録。以下はいずれもサイレント一巻で、部分と思われる。満洲関係のPR映画。前記『からくり蝶』の部分。軍費への寄付奨励の劇映画。中国戦線の劇映画。日蓮の法難を描く時代劇。中国戦線の記録映画。育児の記録映画。大連の記録映画。「日本ニュース」第80号で、トーキーらしいが音声なし。この間、午後二時に昼食。

つぎは十三巻のトーキー時代劇で、題名は『續鍔鳴浪人』とある。一九四〇年の日活作品で、監督は荒井良平、主演は阪東妻三郎。これは日本に現存しない。ドキドキしながら三巻目まで見て、作業を中断する。

この日の夕方から、冨田さんとわたしは、蓮實さんの帰国に合わせ、休暇をとることに決めていた。午後四時過ぎ、ゴスフィルモフォンドを去り、モスクワ市内へ。

八月十九日、二十日、クレムリンやプーシキン美術館など、観光めぐりを楽しむ。わたしは初めてのことだから、すっかりお上りさん気分で、見るもの聞くもの、すべてが珍しい。そんななか、クレムリンで老人男女のデモ行進に行き合い、黙ってゆっくり歩いているだけだが、スターリンの写真を首に提げているのに気づき、胸をつかれる。当時はエリツィン政権である。

八月二十一日、朝八時半、ゴスフィルモフォンドへ戻り、宿舎に荷物を下ろしたあと、作業を始める。

まず『續鍔鳴浪人』の続きで、一九三九年の前篇『鍔鳴浪人』もあり、全巻揃っているとわかる。『狼火は上海に揚る』と合わせ、貴重な阪東妻三郎の主演作二本が見つかったわけで、快哉を叫ぶ。

そのあと、一巻ないし二巻の記録映画が続き、全篇か部分かは不明。いずれもトーキーで、体操の勧め、ドイツの雪山でのスキー、病院船、ラジオ放送のPR、銃後の農村、補給戦、治水、銃後の台湾、工場の防空と、題材は多岐にわたる。それらのあいだに、「日本ニュース」数本、一九三八年の東宝作品『泣蟲小僧』の途中の一巻、外国映画らしい断片が挟まり、乱雑を極める。つぎは片岡千恵蔵主演『続清水港』。一九四〇年の日活作品で、監督はマキノ正博。九巻あり、途中が抜けているが、これは日本に現存する。ふたたび一巻な

『續鍔鳴浪人』

いし二巻のトーキーの多彩な記録映画が続き、なかにはサイレントの時代劇が混じっているものもある。

何が飛び出すかわからないから、一巻一巻、根気よく見てゆくが、とりとめもない内容の連続だから、目がチカチカし、疲労困憊する。午後二時の昼食を挟んで、この日は午後七時の夕食で作業を終える。

八月二十二日、二十三日、二十四日も、同じような作業を続ける。主に記録映画、PR映画、さまざまなアニメの断片で、時代劇の断片も混じるが、めぼしいものには突き当たらない。一九三七年の松竹作品、犬塚稔監督の『土屋主税』があり、喜びかけるが、一巻だけ。四四年の東宝作品、今井正監督の『怒りの海』は、別の劇映画二本の断片と三巻のセットになっている。四二年の松竹作品、小津安二郎監督の『父ありき』は全巻揃っているが、すでに現存する。

二十四日の作業は午後七時までとし、夕食後、午後八時、別棟の職員寮にあるボシエンコさんの部屋へ。冨田さんとわたしは明日の午後、帰国するので、こまごまと世話をしてくれた彼とお別れ会を開こうとの趣向である。

ウオッカで互いの労をねぎらって乾杯したあと、雑談に興じる。ボシエンコさんはフランス語とイタリア語ができるので、冨田さんがフランス語でもっぱら相手を務め、わたしはときおり片言を挟む。愛犬ピナも嬉しそうに歩き回る。わいわいやるなか、書棚の世界文学全集らしきものが目に留まる。ボシエンコさんが立ち上がって一冊を手に取り、夏目漱石と森鷗外を中心とした日本文学篇で、すごく面白いと言う。

話は当然にも映画へと移り、日本の映画ファンに劇的な感銘をもたらした「レンフィルム祭」のことが話題になる。わたしはヴィターリー・カネフスキーの『動くな、死ね、甦れ！』に興奮し、「月が出た出た月が出た」と始まる『炭坑節』が流れるのには驚いたと告げて、話が一段と盛り上がるうち、ボシエンコさんがあれを歌ってくれないかと言う。これは断わるわけにはいかない。わたしと冨田さんは手振り混じりで歌って踊り、やんやの喝采を博する。と、ボシエンコさんがギターを手にするや、人気のシンガーソングライター、オクジャワの歌をしみじみとした声で歌ってくれ、ロシア語を理解しないまま、豊かな抒情に聴き惚れる。

宴はいつまでも続くが、明日のことを思い、午後十一時過ぎ、お開きに。


八月二十五日、午前八時から正午まで、フィルムの調査。

昨日、一九四二年の東宝作品、マキノ正博監督『婦系圖』の部分が雑多な映画群のなかに混じっていたので、もしやと思ったが、この日の最初のフィルムは『續婦系圖』で、期待が高まる。さらに見て行くと、前篇と後篇がごっちゃに現われ、あいだに例の『海を渡る祭礼』らしき断片も混じるものの、どうやら『婦系圖』前後篇が揃っている。日本には総集篇しか現存しないから、それの欠落部分が見つかったことになる。そのあと、前にもあった農村の記録映画の一部、サイレントの記録映画が続く。

午前十二時二十分、作業を終え、ボシエンコさんの案内で所内を見学する。

白樺林のなかに煉瓦造りの保存庫十二棟。自国の映画は約二万五千タイトル、外国映画は約三万タイトルを収蔵する。作品数がそれだから、ネガもポジも含めてのフィルムの巻数は膨大な量になる。可燃性フィルムのものは五万巻あり、その収蔵庫の内部は、ひと坪ぐらいのいくつもの小部屋に仕切られ、あいだの壁は三十センチほどと分厚い。火災が発生しても類焼を防ぐことができる。

つぎに技術棟へ。入るなり広大さに驚く。見上げるほどの高さの大きな機械がずらりと並び、そのどれもに現像したばかりのフィルムがセットされ、轟々と音をたてて上下に流れている。まさに工場である。その機械の列が全体の半分を占め、あとの半分はフィルム点検の作業場で、器具類を載せた台が列をなし、どの台でも女性がフィルムを器具に掛けて覗き込んでいる。ゴスフィルモフォンドに運ばれてきたフィルムは、ここでまずクリーニングされ、傷んだ部分が修復され、ネガ取りのあと、上映用のポジが焼かれる。わたしたちが編集機で見るのは、そうやって生まれたポジフィルムである。それにしても、作業員が、年齢こそいろいろながら全員女性というのは興味深い。

所内の道路脇には、太い円筒がうねうねと連なっている。暖房用の給湯設備で、一角にはボイラー工場がある。聞けば、果樹園のほか、乳牛飼育場もあり、なるほど、朝食の牛乳の出所はそこかと納得する。歩くうち、赤い消防車も目に留まる。

職員は六百人で、その家族も住んでいるというから、ゴスフィルモフォンドはやはり村と呼ぶにふさわしい。

午後一時、思い出深いその村を辞し、車でモスクワ市内の日本大使館へ。空港でやっと昼食にありつき、夕方の便で日本へ帰国する。

第二次大戦末期、満洲にあった日本映画

ロシアに在る日本映画の調査は、当初から三年の計画で進められた。

冨田さんの事前調査から判断して、ゴスフィルモフォンド所蔵の大量のフィルムは、かなりの日数を費やさねば調べ尽くせない。そこで、一九九五年、九六年、九七年と調査を続け、その結果を整理したあと、詳細なリストを提出するとの取り決めを、あらかじめゴスフィルモフォンドと交わし、調査が始まったのである。すでに明らかなように、フィルムの量は予想を上回り、何種類ものフィルムが雑然と混じっており、三年という計画は間違いではなかった。

ここで、別のことを記しておこう。一九九四年、名作として知られる日本映画がロシアから里帰りして話題になった。第四章で少し言及した一九三〇年の帝国キネマ作品『何が彼女をそうさせたか』で、監督は鈴木重吉。関西の総合レジャー会社の社長が、祖父である帝国キネマ創業者の手がけた「幻の映画」を個人的に購入したのである。

ちょうどその頃、冨田さんはゴスフィルモフォンドで日本映画を調査していたことになるが、『何が彼女をそうさせたか』とは関係がない。わたしにしても、里帰りのニュースを知っていたものの、自分がロシアへ行くこととは結びつかなかった。

一九九六年夏、予定どおり二度目の調査のためにロシアへ。

今回の三人組は、東京国立近代美術館フィルムセンターの佐伯知紀さん、冨田さん、そしてわたし。蓮實さんは参加するつもりだったが、無理とわかった。

七月二十日、わたしはモスクワに着き、すでに六月から調査をしていた佐伯さん、冨田さんと合流する。翌二十一日、三人で市内を見物したあと、午後八時、ゴスフィルモフォンドに入る。宿泊は冨田さんの部屋の左右に佐伯さんとわたし。

七月二十二日、午前十時半より、編集室でフィルム調査を始める。顔ぶれこそ違ったとはいえ、作業の手続きは前年と何ら変わらない。多様なものが混じったフィルムを一本一本、三人で見てゆく。ただし、一日の時間割がつぎのように異なった。

午前八時〜九時、佐伯さんの部屋でビスケットその他で朝食。午前九時〜午後二時、作業。昼食。午後三時〜六時、作業。夕食。午後七時〜八時半、作業。日によって多少の前後はあるが、こんなふうである。ほぼ連日、作業を終えたあと、午後九時頃から佐伯さんの部屋でビールやアルメニアコニャックを楽しむ。

朝食を食堂でとっていないが、これには訳がある。前年の宿泊施設には出稼ぎの労働者たちがいたから、朝食は午前七時だったが、この年には家族連れのリゾート客が何組も滞在し、朝食は九時半からで、昼食は午後二時と決まっている。朝食時間を九時半にすれば、われわれの午前の調査作業がやりにくい。

前年、わたしは帰国後、佐伯さんと会ったとき、人里離れたゴスフィルモフォンドの様子について少々大袈裟に話した。そこで佐伯さんは、サバイバル状況に臨むかのように、インスタントコーヒー、日本茶、ビスケット類、即席味噌汁、サラミなどの食糧のほか、万能ナイフや短波ラジオなどを持参したのである。ビールやコニャックは宿泊施設の売店で購入できて、棚には日本のチキンラーメンも並んでいた。

昼食と夕食の内容は前年と変わらない。昼はスープ、トマト、紅茶、ミルクあるいはヨーグルト、馬鈴薯入り肉団子、そしてパン。夜はキャベツの酢漬け、紅茶、蕎麦の実を蒸した肉団子、パン、そして、ときおり鰊の酢漬けかキャビア。前にも記したが、たまに出るボルシチが何よりの楽しみだった。

さて、調べたフィルムの中身だが、前年と同様の状態で、逐一列記するのは煩雑なので省く。わりあい纏まった作品が多いゆえ、見てゆくのが苦痛にはならないが、日本に現存するものが大部分を占める。それでも、七月二十二日から二十六日までに、つぎのような作品が見つかる。いずれも日本に現存しないと思われる。題名・製作年・製作会社・監督の順。

『別離傷心』一九四一・日活・市川哲夫。『八処女の歌』四二・大映・小石栄一。『海賊旗吹ッ飛ぶ』四三・松竹・辻吉朗。『家』四三・松竹・倉谷勇。『五重塔』四四・大映・五所平之助。

前回一九九五年にも感じたことだが、一九四〇年代の作品が圧倒的に多い。この印象については、九四年から調査を続けてきた冨田さん、この年、先に調査を始めた佐伯さんとも、意見が一致する。明らかにこれはゴスフィルモフォンドが日本映画のフィルムを入手した経緯に関わっているのだろう。

七月二十六日、午前九時から三人で作業を始め、一時間ほど経った頃、映画生誕百年祭実行委員会の事務局のある朝日新聞学芸部の山口宏子さんが合流。作業は十二時に終え、マリシェフ所長との会見のあと、ドミトリエフ副所長にロシア人女性の通訳でインタビューする。その概略を記そう。

　ゴスフィルモフォンドの設立は一九四八年で、映画保存の総合施設として、収集、リサーチ、修復、複製、保存を行なう。四八年以前にはさまざまな国家機関で映画を集めてきた。現在の収蔵数はざっと五万五千タイトル。正式職員は六百人で、ほかにパートの雇員がいる。国からの予算では足りず、フィルムのコピーを売ったり、フィルムの修復を請け負ったりして、自分たちで稼ぐ。

佐伯さん、山口宏子さん、冨田さん、ポシエンコさん
到着した山口さんに所内を案内する

ドミトリエフ副所長インタビュー

　話は当然、日本映画のことに向かう。収蔵数は約五百タイトル。三種類に大別することができる。戦前から保有するもの。第二次大戦末期、当時の満洲(現在の中国東北部)で接収したもの。戦後に日本との交換で入手したもの。注目すべきは二番目で、満洲には在留邦人が多数おり、

国策の満洲映画協会（満映）が本国から日本映画を取り寄せて配給していた。それらはフィルムの状態が悪く、まず修復が必要だったという。

なるほど、わたしたちの調べたフィルムが一九四〇年代のものが多いのも、旧満洲から持ち帰ったものであれば、納得できる。複数

フィルム倉庫

技術棟

缶の順序がバラバラなのも、同じ缶にまったく別のフィルムが混入しているのも、接収時の混乱によるのだろう。なお、日本映画と満映製作作品は区別され、わたしたちが調べたのは前者である。

インタビューのあと、昼食、所内見学を経て、夕方、今回の調査を終了する。

七月二十七日、ゴスフィルモフォンドからモスクワへ。そして、二十八日、モスクワから日本へ。

一九九七年、ロシアで調査報告、日本で上映会

帰国後、冨田さんは大仕事に取りかかった。これまでに調査した膨大なフィルムの整理であり、作品ごとに以下のデータを書き出してゆく。

ゴスフィルモフォンドにおける整理番号。巻数。巻ナンバー。サイレントかトーキーかの別。劇映画か記録映画かの別。題名。製作年。製作会社。監督。

すでに記したように、整理番号ごとに作品が纏まっているわけではなく、別の作品が混じっていたり、欠落があったりする。ひとつの缶に複数の作品の断片が含まれている場合もある。そんなあり方を文字化するわけで、細密な作業になる。それと同時に、題名不明のものが多い

から、調べて確定しなければならない。

題名の確定についてはわたしも手伝って、手持ちのあらゆる文献を調べまくりつつ、冨田さんと頻繁に電話やFAXでやりとりした。その映画が日本に現存するかどうかの調査も必要で、これには大いに難儀する。


一九九七年九月、三度目のロシアへ。

最初と同じメンバーで、蓮實さん、冨田さん、わたし。今回は調査と、約束どおり調査結果をゴスフィルモフォンドへ渡すことを兼ねる。蓮實さんは四月、東京大学総長に就任したばかりで、多忙ななか、日程をやりくりした。

九月十七日〜二十一日の四泊五日。前二回の宿舎には泊まらず、モスクワ市内のホテルからゴスフィルモフォンドへ日参する。

九月十八日、午前十一時すぎ、ゴスフィルモフォンドに着く。関係者に挨拶したあと、編集室でフィルムの調査に取り掛かる。貴重な収穫の連続で、嬉しくなる。

まず『お市の方』。一九四二年の大映時代劇で、監督は野淵昶、主演は宮城千賀子。つぎは『をぢさん』。四三年の松竹作品で、監督は渋谷実と原研吉。そして『親』。二九年の松竹作品で、監督は清水宏。さらに喜劇『爆弾花嫁』。三五年の松竹作品で、監督は佐々木啓祐と斎藤寅次郎。

続いて『北極光』。四一年の新興キネマ作品で、監督は田中重雄。いずれも日本には現存しない。

午後五時半、作業を終え、モスクワ市内のホテルへ。今回でわたしたちの調査は終るので、その感慨に本日の成果の喜びが重なり、レストランでの夕食は大いに盛り上がる。

九月十九日、午前十時前、ゴスフィルモフォンドに到着。マリシェフ所長に三人揃って面会し、これまでの協力に感謝したあと、近くの広い試写室に案内され、ボシエンコさんら主な職員の居並ぶなか、所長に調査結果の作品リストを渡す。そこには茶菓と飲み物によるパーティが準備されており、皆さんから三年にわたる作業の労をねぎらわれる。

そのあと、午前十二時近くから、午後三時の昼食を挟んで、夕方まで、今回の調査で見つかった貴重な映画を試写してもらう。十一月の東京国際映画祭の「ニッポン・シネマ・クラシック」部門に、ロシアで発見された映画も加える計画があり、上映作品選定のための試写を申し込んでおいたのである。場所はさきほどの試写室。編集機の小さな画面で見るのとは大違いで、しかもフィルム

蓮實さん、冨田さん、筆者
調査結果を報告する

缶の順序を正しくしてあるから、作品のあり方をちゃんと確認できる。午後六時、試写終了。結果的に『お市の方』『大阪町人』『爆弾花嫁』『親』の四作品を選び出す。

所長にその報告をするとともに、三年にわたる関係者諸氏の協力にあらためてお礼を申し上げ、ゴスフィルモフォンドを辞す。

翌二十日、映画博物館「ムゼ・キノ」を訪れたり、モスクワ市内を歩き回る。最初の一九九五年の印象を振り返ると、九六年、九七年と、メインストリートの風景が年々大きく変わっているのに気づく。欧米のファッションブランドの広告が目立ち、日本の大都会とあまり違わない。複雑な感慨にひたり、ゴスフィルモフォンドの白樺の森を懐かしく思い浮かべながら、九月二十一日、帰路につく。

ロシアへの旅は終った。

九月二十九日、映画生誕百年祭実行委員会として、ロシアにおける日本映画の調査についての記者発表会を催す。会場は国際交流基金の国際会議場。登壇者は蓮實さん、冨田さん、わたし。ゴスフィルモフォンドの説明から始まって、収蔵されている日本映画の種類や状態、調査結果の概略などを報告し、出席者の質問に答えたあと、東京国際映画祭での上映作品を発表する。次いで蓮實さんが、この調査報告をもって映画生誕百年祭実行委員会を解散すると、委員長として告げ、記者会見は終る。

十一月一日〜十日、東京国際映画祭「ニッポン・シネマ・クラシック」で前記の四作品および『何が彼女をそうさせたか』が上映される。ゲストとしてゴスフィルモフォンドの副所長ユーリー・ボブロフ、学芸員ヴァレリー・ボシエンコが招かれ、わたしはボシエンコさんと再会し、旧交を温める。


以上までが、ロシアにあった日本映画について、わたしが関わったすべてである。ただし、念のために記せば、三度の訪問で調べたのはゴスフィルモフォンド所蔵の日本映画の一部にすぎず、未調査のものが残っている。

フィルムセンターの佐伯知紀さんは一九九八年、ゴスフィルモフォンドを再訪し、残りのものをすべて調査した。その報告がフィルムセンター発行の「NFCニューズレター」二〇〇一年一・二・三月号に、ゴスフィルモフォンドにあった日本の劇映画の全リストとともに載っている。

二〇〇一年二月〜三月、フィルムセンターで「発掘された映画たち2001:ロシア・ゴス

フィルム倉庫前

フィルモフォンドで発見された日本映画」と題し、大々的な上映会が催される。日本に現存しない作品、現存フィルムに欠落した部分を含む作品などで、貴重なものなので、題名・製作年・製作会社を上映順に記しておこう。

『救の手』一九二一・国際活映。『春は還る』二四・朝日キネマ。『爆弾花嫁』三五・松竹。『土』三九・日活。『維新子守唄』四〇・松竹。『をぢさん』四三・松竹。『お絹と番頭』四〇・松竹。『鍔鳴浪人』『續鍔鳴浪人』三九〜四〇・日活。『北極光』四一・新興キネマ。『お市の方』四二・大映。『海猫の港』四二・大映。『續婦系圖』四二・東宝。『大阪町人』四二・大映。『父ありき』四二・松竹。『姿三四郎』四三・東宝。『小太刀を使ふ女』四四・大映。『お馬は七十七萬石』四四・大映。『狼火は上海に揚る』四四・大映。

数年後、フィルムセンターは特別予算を組み、ゴスフィルモフォンド所蔵の日本映画を記録映画も含め、すべて購入したから、現在の国立映画アーカイブに在る。

ボシエンコさん、筆者
倉庫でポスターを見る

終章

生駒山麓を八年ぶりに訪れる

二〇二一年十月、生駒山麓の安部家があった場所を訪れた。安部善重さんが亡くなったあと、家が撤去されたことは承知していたが、あの風景と跡地がどうなっているかがずっと気になっていたのである。

その日、わたしは神戸滞在中で、別件で大阪へ行く予定があり、それを済ませたあと、生駒へ、と思っていたところ、別件の相手がぜひ同行したいと言う。古くからの友人で大阪の映画館シネ・ヌーヴォの館主、景山理さん。もちろん安部さんのことはいろいろ聞いていて、もう家はないことを承知のうえで、どんなところかを見たいと言い張る。ならば、と、大阪環状線の鶴橋駅近くに居並ぶコリアン焼肉店で昼食を食べながら、用件を打ち合わせ、続きを近鉄車中でしつつ、石切駅へ。

安部さん宅を最後に訪れたのは二〇〇三年だから、八年ぶりに石切駅に降り立つ。周辺の様子がどうも違う。以前にはなかった住宅があちこちに立っているからで、便利な近鉄沿線ゆえ、住宅地として開発されたのであろう。駅からの道を間違え、少し遠回りするうち、鉄網の柵で囲われた一角に出喰わす。

予想どおり、安部さんの家は跡形もなく、雑草が生い茂っている。二つのプラットホーム跡とそれに挟まれた元線路も、ずっと奥のトンネルの穴も、安部家の向こうの白龍神社もあるが、異様な柵のために、あの見慣れた風景ではない。

がっくりして立ち竦むわたしに、景山さんが、安部さんの家がどこにあったかなどを訊いてくる。あれこれ説明しつつ柵に沿って歩くと、出入り口があり、掛け金が外れる。近鉄が設置した侵入禁止の告知板に、侵入者を監視カメラが警察に通報すると記されているが、二人で中に入る。わたしはプラットホームに上がり、安部さんの家があった場所を示すとともに、どんな家で、内部はどうで、トイレがどこにあり、家の周りはどんなだったかなど、さらにガイド役を務める。

長居する場所ではないから、早々に立ち去る。景山さんはそれなりに面白かったらしく、来て良かったと言い、わたしも別の意味で、良かったと思う。そんなことを語り合いながら石切駅へと歩くうち、ふと石切

安部善重さんの家は右奥の鳥居の右のほうにあった

神社へ行きたくなり、提案すると、景山さんはすぐ同意し、二人して駅前から参道へと入る。くねくねと緩やかな坂が続く細い参道を進むにしたがって、通行人が増えてゆく。参道の両側には土産物店が居並び、そのあいだを人がぞろぞろと歩き、どこにでもある観光名所の景観をなしている。それを眺めて歩きながら、あ、この風景も違っている、とわたしは思った。この前に来たのは、二〇〇二年、蓮實重彦さんと一緒のときで、各種占いの店に翻る幟の列に、蓮實さんが感嘆の声を挙げたが、いま、幟の列はない。よく見ると、占いや手相見は随所にあり、店内にはちゃんと客がいる。参道には幟の類が数多く立っているが、どれも土産物店のそれで、名物の菓子などの名前が大書してある。わたしは風景の変貌について景山さんに語ったけれど、うまく伝わったかどうか。

石切神社は善男善女がいっぱいいで、若い男女が多い。二人して参詣者のあいだを歩き回り、観光名所なんやなあ、としみじみ感心し合い、帰路に着いた。

夕方、わたしは神戸映画資料館へ。

安井喜雄さんがどうでしたと訊き、わたしが一変した風景について報告すると、やっぱりそうですか、と意外そうにも驚きもしない。家が撤去されたのはわかるが、膨大なフィルムはどこに在るのだろう、と、わたしがいまさらながらの素朴な感想を漏らすと、こんな答えが返ってくる。

「どこかに在るとぼくはあまり信じてない。安部さんには、論理的に誰をも納得させる話術はあるが、フィルムは在るのかどうか。まったく無いわけやないけれど」

クールな人なのである。安井さんの長年にわたるフィルム収集は、だからこそ出来たにちがいない。

神戸発掘映画祭で断片の力に感銘を受ける

そのとき神戸映画資料館では「神戸発掘映画祭2021」が催されていた。飛び飛びの週末八日間にわたり、多種多様の映画を上映する。現代劇、時代劇はもとより、アニメもあればホームムービーもあり、数本の外国映画も混じっている。いずれも、めったに見られない貴重なものばかりである。

なかにフィルムコレクター数人の特集があって、本書第三章に登場する古林義雄さんのコレクションも上映され、わたしは解説役を頼まれ、映画祭の後半に参加した。その依頼を受けたとき、古林さんが前年に亡くなったことを知った。すでに書いたように、古林さんにはいろいろお世話になったから、感無量という以外ない。

上映作品は林長二郎主演『切られ與三』短縮版と「阪東妻三郎名場面集」。前者は一九二八年の松竹作品で、監督は小石栄一。古林コレクションを元に国立映画アーカイブが復元した二十分。後者は京都映画祭の阪妻特集のとき、わたしが古林さんから貸してもらったもので、一九二四年〜四〇年の十七作品の断片を集めた約三十一分。

どちらもドキドキするほど面白い。とりわけ『切られ與三』の一場面の素晴らしさに目を瞠った。「お富与三郎」の話で、島抜けした与三郎が旅の途中、喉の渇きを覚え、路傍の石垣から滲み出す清水を飲むシーンがあるのだが、ただ水を飲むだけの顔がアップで三度もくりかえされる。と、どうなるか。水を手で受け、口を近づけ、ごくりごくりと飲むさまの、色っぽいこと。明らかに人気スター林長二郎のエロチシズムの発露を期待する観客へのサービスであろう。『切られ與三』は京都映画祭で上映されたが、五分のオモチャ映画で、いま述べたシーンはなかった。

もう一本、九ミリ半の時代劇特集で、市川右太衛門プロダクションの第一作、京都映画祭ですでに見た一九二七年の『浄魂』にあらためて感動した。監督は押本七之輔。志のある若者が不運の連続に見舞われ、盗賊一味にまで落ちぶれてゆく。主演はむろん

『切られ與三』

市川右太衛門で、このとき弱冠二十歳。そんな若さで立ち上げた自分の会社の第一作だから、全篇、熱気に満ち満ちている。群がる捕方を相手にした乱闘シーンでは、縦横無尽に飛んだり跳ねたりして、身体能力の凄さが息をのませる。戦後の主演作品から、こんな右太衛門はとうてい想像できない。

そういえば、『切られ與三』でも、林長二郎が室内の乱闘シーンでスピード満点に暴れ回り、戦後の長谷川一夫には見られない身体能力を見せる。これも『浄魂』も無声映画であることに注目しよう。音声がないぶん、アクションに徹した描写がくりひろげられるわけで、動きという映画表現の本質に根ざしている。

九ミリ半の特集は時代劇と現代劇の両方があり、それぞれ何本か、神戸映画資料館所蔵の貴重なものが上映された。九ミリ半は元の35ミリのダイジェスト版で、省略部分を説明する字幕が随所に挿入されており、ストーリーは理解できる。失われたとされている作品でも、九ミリ半は当時、映画各社が全国的に販売したものだから、どこかに残っている可能性は大きい。

いうまでもないことだが、いくら巧くダイジェストされていようと、

『浄魂』

しょせん完全版とは別物であり、9・5ミリ版を見たからといって、その作品を見たことにはならない。ただし、たとえば『浄魂』の場合、9・5ミリ版それ自体が一個の生き物としての感銘をもたらすと、わたしには思われる。いや、九ミリ半とは限らない。『切られ與三』で喉の渇いた主人公が清水を飲む場面のように、映画のある部分、ある断片が、やはり一個の生き物としての輝きを放つことが十分にありうる。描写の優れた断片の力とでもいえようか。そんなことを神戸であらためて思い知らされた。

二〇一九年の神戸発掘映画祭にも参加した。生駒山麓のコレクター安部善重さんの小特集が組まれ、わたしは長年の取材の概略を語った。上映されたのは国立映画アーカイブ所蔵の安部コレクション作品。そこに一九三四年の朝鮮映画『隣人愛の麗容』が含まれており、わたしは初めて見た。ヒューマンな心情に満ちた内容で、なるほど、安部さんの話のとおり、これなら角が立たない。ほかにも、神戸映画資料館所蔵作品のデジタル化による研究成果など、多彩な企画があり、わたしは二本の外国映画に注目した。

まず一九三一年の中国の無声映画『愛と義務』。監督は卜萬蒼（プー・ワンツァン）。女学生が大学生と愛し合うが、親の決めた相手と結婚して、二児の母となった数年後、かつての恋人と再会し……。波瀾万丈のメロドラマが美しい映像で綴られ、二時間半の長さを飽きさせない。ヒロインの阮玲玉（ロアン・リンユィ）は上海映画のトップスター。台湾の国家電影中心の所蔵作品で、内容もさることながら、作品の履歴が興味深い。一九九〇年代にウルグアイで可燃性フィルムが発見され、二〇一四年、国家電影中心がイタリアのボローニャにある現像所でデジタル復元したという。フィルムは時代を越え、国境を越えて、いつしか蘇る、ということの見本ではないか。

もう一本は一九六四年の韓国映画『裸足の青春』。監督はキム・ギドク。主演はシン・ソンイル、オム・エンナン。原作が藤原審爾で、六三年の日活作品『泥だらけの純情』と同じ小説の映画化なのである。吉永小百合と浜田光夫の主演、中平康の監督による日活版と連続して上映されたから、純愛青春映画という大枠は同じでも、細部も全体の趣も異なるのが面白い。わたしの印象では、韓国版のほうがアクション映画的な要素が強く、やわな感じがしないのが好い。韓国映像資料院の収蔵作品で、やはり国境を越える映画の力が具体的に示されている。

神戸発掘映画祭の主催は神戸映像アーカイブ実行委員会。二〇一二年設立の神戸ドキュメンタリー映画祭実行委員会が一七年に改組したもので、毎年、種々の映画祭を開催するほか、神戸をテーマにした企画を実施している。神戸映画資料館は民間のフィルムアーカイブだが、それを中心に、多彩な人脈が寄り集まり、ネットワークが広がって、活動範囲が拡大しつつある。

二〇一九年、NPO法人プラネット映画保存ネットワークが設立され、文化庁などの助成のもと、神戸映画資料館所蔵フィルムの網羅的な調査が始まった。発掘映画祭で珍品がつぎつぎ蘇るのは、その成果のひとつにほかならない。

デジタル時代のフィルムの運命

二〇二一年の神戸発掘映画祭のとき、上映の合間に、安井さんにフィルム収集の現状について聞いた。へええ、そうなのか、とつくづく思ったのは、デジタル時代に入っているということである。

安井さんはその現状を具体的に説明する。

「以前にも話しましたけど、ちょっと前まで、あちこちで、巡回上映というのがありましたわな。学校や公民館などへ16ミリと映写機を持って行って上映会を催す。使うのは非興行用のフィルムで、いまはそれが出回ってるんです。数は減ったが、現在も巡回上映はあります。だけど、ビデオでやるようになった。16ミリの配給会社が潰れて、そこのフィルムが世の中に出ることがあるわけです。買うても興行はできませんけどね」

こういう事情も関連している。

「学校での映画上映は、前は授業に入っていた。年に何回か。〝ゆとり教育〟でそれがなくなったんかな。土曜は休みにしたので、映画の時間がなくなり、巡回上映も成り立たんわけ。学校で映画を見せる場合があっても、ＤＶＤですよ。それから、図書館の視聴覚ライブラリーが、持っていたフィルムを廃棄して、ビデオに切り換えています。個人的なことでは、フィルムの貸し出しが収入になったけど、近年はフィルムを貸してくれいう依頼はなくなり、ビデオを貸してほしい、と」

そんなあれやこれやの結果、フィルムが多く出回っているという。

「インターネットのオークションに出てます。ぼくも毎日チェックしてる。16ミリも35ミリもありますわ。視聴覚ライブラリーの廃棄したフィルムが古物商に持ち込まれ、それがネットに出たりする。それとは別に、古道具屋とか我楽多市には、いまもフィルムが出ることはあると聞いてます。解体業者が家を壊したとき、見つけたものを売るわけ」

安井さんはネットを毎日チェックして、買う場合もあるのだろうか。

「しょっちゅう買うてます。個人が撮ったホームムービーとか、16ミリ中心に。値段はいろいろで、二十本一括でなんぼ、とか書いてある。一本ずつだと中身がわかるので高くなる。一本十万円とか。それでも35ミリのニュープリントを焼くと三十万やから、十万は安い。ぼくが買うのは二万から三万。オークションやから値段は吊り上がるけど、チェックしてるヤツはだいたい想像してわかるんですわ」

聞いて、わたしは深い感慨を覚えた。安井さんが長年、どんなふうにフィルムを集めてきたかを少しながら知る者としては、ネットオークションの活用など想像できないではないか。だが、本人は「しょっちゅう買うてます」とさらりと言う。

デジタル時代になろうと、安井さんのコレクター魂は不変で、いささかも動じないのである。むろんあくまでフィルム収集のためで、そのためならデジタル情報であれ何であれ活用しようとする。

そこで、目下、倉庫がいちばんの難題となっている。

「デジタル中心になり、フィルムが不要になったから、引き取ってくれ、といろんな人が言うてくる。神戸に来て増えたんは、それですわ。捨てることはないもんやから」

捨てることがないとは、まるで安部さんみたいな言い草ではないか。ただし、生駒山麓のコレクターが収蔵していると豪語した大量のフィルムは、所在が知れないが、神戸映画資料館の安井コレクションは、ちゃんと在る。

それを中心に、二〇二二年秋、神戸発掘映画祭が開催された。

あとがき

取材ノートによれば、本書は当初、なんと、一九九〇年末に刊行の予定で、それに合わせて『突貫小僧』上映会を催すことになっていた。三十二年間も遅れに遅れたとは、自分でも信じられない。

最初の計画では、安井喜雄さん、岡部純一さんを中心に、本書の第三章「フィルムコレクター歴訪」の諸氏インタビューに加えて、東京国立近代美術館フィルムセンター（現在の国立映画アーカイブ）、京都文化博物館、広島市映像文化ライブラリーなど、諸施設の情報を含めるつもりで、実際に取材もした。そうやって動き回るうち、月日が経ち、計画が徐々に変わっていった。フィルムコレクター諸氏の苦労話と対比的に、日本における映画保存の現状を浮かび上がらせるという目論みがあったが、話題を自分の関わったことだけに絞ったほうが面白いと思い始めたのである。かくして第四章「映画はさまざまに蘇る」や第六章「ロシアへの旅」が加わった。

安部善重さんのインタビューはどんどん回数が増えていった。

その間、一九九九年から『日本映画作品大事典』（三省堂）の編集作業が始まり、多忙の度合いが強まった。東奔西走の日々、いつも本書の執筆が気掛かりだったが、時間がなかった。映画事典が二〇二一年夏に完成したあと、やっと本書の執筆に傾注した。いま思えば、二十二年もかかった映画事典と三十二年も遅れた本書とは、わたしにとって双子の子供のようなものである。

意図したものの果たさなかったことがいくつかある。安部さんのインタビューを始めるや、話がべらぼうに面白く、ホンマかいなと思う場合がしばしばあり、ぜひとも出雲の故郷を訪れて調査をしたいと考え、あれこれ方策を練ったが、そんな時間をついにつくりだせず、結局のところ、安部さんの発言を忠実に文字化することだけを心掛けた。また、本書の終章を執筆中に安井さんから電話があり、長野県の人から大量の映画フィルムを譲ってもらったとの報告を受けた。家の改築を機に亡くなったお父さんが収集したフィルムを処分したいと考え、安井さんに連絡したらしい。何があるかの調査はこれからだが、多くの劇映画に成人映画も混じっており、ご遺族に取材をしてはどうかと、安井さん。安井さんの言うことだから、乗り気にはなったが、そんなことをしたら本書の完成がさらに一年先になると、自分と安井さんを説得した。本文でも記したが、同じような追加取材の提案は岡部さんからもあり、やはり諦めざるをえなかった。

長い年月のなか、何人もの取材相手が亡くなられたが、訃報を逐一記さず、安部さんだけを例外とした。取材させてもらった人たちは全員、わたしのなかでは、いまも元気に生き続けていると思うのは、単なる言い訳ではない。
本書が成り立つには、インタビューのテープ起こしや資料調べなどで、多くの友人知人のお世話になった。お名前の明記は省くが、心からの感謝を捧げる。例外はブックデザインの鈴木一誌さんで、『日本映画作品大事典』の大仕事に引き続いて、本書を手がけていただいた。そして草思社編集部の木谷東男さんは例外中の例外で、三十二年ものあいだ、原稿を待ち続けてもらったことに感謝の言葉も見つからず、ただただ篤い友情を受け止め、本書が熱烈映画ファンの心に届くことを願う。

二〇二二年十一月

山根貞男

映画資料・写真提供 神戸映画資料館・朝日新聞社・KADOKAWA・著者

山根貞男（やまね・さだお）

1939年大阪生まれ。映画評論家。大阪外国語大学フランス語科卒。加藤泰、マキノ雅弘など日本の大衆映画を評価。1986年以来キネマ旬報に日本映画時評を連載。2001年〜2008年東海大学文学部文芸創作科教授。内外の映画祭の企画に携わる。2021年『日本映画作品大事典』（三省堂）を編集して、日本映画ペンクラブ賞受賞。著書・編書に『映画渡世』（マキノ雅弘著、山田宏一と聞き書き、ちくま文庫）『増村保造　意志としてのエロス』（筑摩書房）『映画監督　深作欣二』（深作欣二と共著、ワイズ出版）『加藤泰、映画を語る』（安井喜雄と共編、ちくま文庫）『日本映画時評集成1〜3』（国書刊行会）など。近著に『東映任侠映画120本斬り』（ちくま新書）など。

映画を追え——フィルムコレクター歴訪の旅

2023年2月2日　第1刷発行

著者——山根貞男
装幀者——鈴木一誌
発行者——藤田　博
発行所——株式会社　草思社
〒160-0022　東京都新宿区新宿1-10-1
電話　営業03(4580)7676
編集03(4580)7680
本文組版——鈴木一誌デザイン
印刷所——株式会社　三陽社
付物印刷所——中央精版印刷　株式会社
製本所——大口製本印刷　株式会社

ISBN978-4-7942-2614-3　Printed in Japan　検印省略